はじめの1冊！ LEGALMIND TO LEARN IN ROCK

ロックで学ぶ
リーガルマインド

著者 奥山倫行　監修 河野吉伸／凌木智里　花伝社

はじめの1冊！　ロックで学ぶリーガルマインド
◆
目　次

はじめに …… 4
この本の効用 〜ロックを身近に！ 法律を身近に！〜 …… 6
法律が身につく7つの手さばき …… 8

1 マイケルだって同じ！──ウィ・アー・ザ・平等 11
　幸福追求権（憲法13条）／法の下の平等（憲法14条）

2 逮捕されたフィル・スペクターを「悪人」と疑わない方法 27
　無罪推定の原則／疑わしきは被告人の利益に／殺人罪（刑法199条）

3 マイケル・シェンカーがＵＦＯに攻撃された?! 43
　信義誠実の原則（民法1条）／安全配慮義務違反（民法1条）

4 無責任男!? ロバート・プラント 55
　債務不履行に基づく損害賠償請求（民法415条）Part1

5 ミステリアスなドラマーとして採用されたコープランド 67
　債務不履行に基づく損害賠償請求（民法415条）Part2

6 ゲット・アップ・アンド・ジャンプしたレッチリなのに 79
　債務不履行に基づく損害賠償請求（民法415条）Part3

**7 ドクターペッパーがもらえないじゃないか?!
　と詰め寄られたアクセル・ローズ** 93
　心裡留保（民法93条）／不法行為に基づく損害賠償請求（民法709条）
　／新しい人権（憲法13条／パブリシティ権）

8 破壊王キース・ムーンが「壊しても大丈夫？」な理由 111
　過失相殺（民法722条）

9 ジョニー・ロットンが「勝手にしやがれ」と言わなければ 123
　幸福追求権（憲法13条）／法の下の平等（憲法14条）

10 ポール・マッカートニーのハロー・グッバイ　139
　　離婚制度（民法710条ほか）

11 ジム・モリソンのロックなシンボルが見えた？ 見せた？　151
　　公然わいせつ（刑法174条）／正当行為（刑法35条）

12 オジー・オズボーンに白い安息を！　163
　　表現の自由（憲法21条）／名誉棄損罪（刑法230条）／
　　公共の利害に関する場合の特例（刑法230条の2）

13 カート・コバーン様、ネヴァー・マインドです！　175
　　不法行為に基づく損害賠償請求（民法709条）／
　　窃盗罪（刑法235条）／横領罪（刑法252条）

14 グラミー受賞者コールドプレイの嘆き
　　「知らないっつーの、聞いてないっつーの」　185
　　著作権侵害に基づく差止請求権（著作権法112条）

15 ボン・ジョヴィ？ ジョン・ボヴィ？　197
　　周知表示混同惹起行為（不正競争防止法2条1項1号）／
　　著名表示冒用行為（不正競争防止法2条1項2号）

16 ＭＣ5のパンクな抗議だぜえ　215
　　著作者人格権（著作権法20条1項）

17 ビーチ・ボーイズが負けた。逆転勝利の三審制?!　223
　　裁判制度（三審制）

あとがき　その①［奥山　倫行］……233
あとがき　その②［河野　吉伸］……235
あとがき　その③［凑木　智里］……236

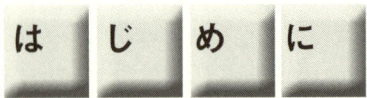

はじめに

　あなたの日々の暮らしは、法律とは切っても切れない関係にあります。
　働いたのに給料が貰えない、バイト先が倒産して給料がもらえない、貸したお金が返ってこない、車をぶつけてしまった、ストーカー被害にあっている、学校や職場でパワハラにあっている、電車で痴漢に間違われた、隣の住人の騒音がうるさい、酔っぱらって喧嘩してしまった、オレオレ詐欺の電話がかかってきた、頼んでもいないカニが大量に送られてきたなど、あなたの身近で起こり得るトラブルを数えあげればきりがありません。
　今はそのようなトラブルとは関係なく過ごしていても、長い人生の中では、必ず何かしらのトラブルに巻き込まれます。このような話を聞いてもOasisの歌のように「ホワットエヴァー（そんなの全然構わないさ）」と思っている方もいらっしゃるかもしれません。でも、仮に運よくこれまでトラブルと無縁の生活をしていたとしても、今後、そのようなトラブルに巻き込まれない保証はありません。
　あなたの人生だって一寸先は今以上のトラブル続きの人生かもしれないのです。
　この本で取り扱う「ロックの世界」はまさにこのようなトラブル人生の縮図です。一見、破天荒で突拍子もないロックの世界での出来事ではありますが、よくよく分析してみると、「あれ？　自分の周りでも似たようなことが……」といったケースに溢れています。ロックの世界で起きるトラブルは、ロッカーだけではなく、善良な一般市民にも等しく起こり得る可能性を秘めた極めて日常的な問題なのです。

法律にはトラブルを回避したり、解決したりするための知恵、あなたの人生を安全、安心、有意義に過ごすための知恵が溢れています。ロックの偉人にまつわるロック界の歴史的惨事・珍事を題材にして、法的思考や法律や裁判に関する知識や考え方そしてトラブルが起きたときの「手さばき」といったいわば「生きるための知恵」を身につけていただくのが、この本の目的です。

　この本を手にしていただいた皆さまの人生がロックと笑顔に満ち溢れ、「サティスファクション」なものになることを願っています。

　2014年9月吉日

弁護士　奥山　倫行

この本の効用 〜ロックを身近に！ 法律を身近に！〜

（1）ロックを身近に感じることができます。
　この本で題材に取り上げるケースは、いずれも実際にロックの偉人が引き起こしたり巻き込まれたりしたトラブルや、ロックの世界で起きたエピソードです。あなたの好きなアーティストも、大小さまざまなトラブルに巻き込まれながら、トラブル人生を過ごしているものです。そんなロックの偉人やロックの世界にまつわるエピソードを知ることで、ロックの世界を今よりもっともっと身近に感じることができます。

（2）ロック通になれます。
　この本では世界的にも著名なアーティストに関するエピソードを取り上げています。この本を通じて、著名なアーティストの代表的な作品や実際のエピソードに即した楽曲を知ることで、あなたもいつの間にかロック通になることができます。

（3）日常生活で知っておくと役立つ法律を知ることができます。
　この本で取り上げる法律は日常生活の中で使う頻度が高く、法律を学ぶ初学者が最初に学ぶべき法律を厳選しています。法律は数が多く全てをマスターするのは大変ですが、この本を読み進めていくことで、日常生活で使用頻度の高く、法的思考を備えるのに有効であると思われる法律から、優先的に効率よく学んでいくことができます。

（4）日常生活で役立つ法的思考力を身につけることができます。
　教科書を読むだけでは身につかない法的思考を身につけるには、生のケースに触れることが最適です。この本では生のケースをもとに日常生活で役立つ応用のきく法的思考を身につけることができます。

（5）トラブルが起きたときの「手さばき」を身につけることができます。

　トラブルと無縁の人生はあり得ません。

　トラブルの「手さばき」を知らずにトラブルに立ち向かうのは、竹槍一本で戦場に赴くが如き無謀な行為です。

　この本では、日常生活で直面する大小様々なトラブルに対処する際に応用できる実践的な「手さばき」を身につけることができます。

（6）裁判になったときに有利に扱ってもらえる方法を学べます。

　トラブルの最終局面は裁判です。裁判になったときに重要なのは証拠です。裁判では事実に証拠を当てはめて法律を適用して有罪か無罪か、勝訴か敗訴かといったことを裁判官が判断します。この本では、裁判になったときに有利に判断されるための証拠の集め方や主張の展開の仕方といった、法律家の実践的な法的思考も紹介します。

（7）幸せに生きるための知恵にあふれています。

　ロックと法律の共通点、それは「幸せに生きるための知恵が満ち溢れていること」です。この本を通じて、幸せに生きるための多くの知恵を身につけることができます。

法律が身につく7つの手さばき

　ロックギターを弾きたい、ブルースギターを弾きたい、ジャズギターを弾きたい、メタルギターを弾きたい、格好よくギターを弾いてモテたい。動機は様々でも多くの人に愛されるギターは、6つの弦で音楽を奏でる人類史上最高の楽器の1つではないでしょうか。

　フレーズやメロディーの元になるのが、AからGまでの7つの基本コードです。ギターを弾く人でこれらの基本コードをマスターしていない人はいないでしょう。

　一見、法律やトラブルや紛争の解決とは無縁の話のように思うかもしれませんが、実は共通点があります。それは身につけるべきギターの基本コードのようなものがあることです。

　それを「法律が身につく7つの手さばき」としてまとめました。

　本書ではこの基本的な「7つの手さばき」を様々な事例に当てはめて反復練習することで、トラブルや紛争解決のための基礎をしっかりと身につけていただきたいと思います。

❶当事者を把握する

　トラブルや紛争には複数の人が入り組んで関係しているため「本当の当事者」の把握が重要です。本書では「①当事者になる可能性がある人を全て列挙する」「②当事者を見定める」というプロセスを、「当事者図」を作成することで習熟できるようにしています。

❷当事者の関係性を切り分けて整理する

　当事者を把握した後は、「当事者の関係性を切り分けて整理する」ことが重要です。当事者たちは、家族関係や会社関係以外にも複雑な関係を持っており、ひと目ですべてを見抜くことは難しいものです。これらの関係性を把握した上で、「当事者図」に書き込んでいきます。

❸時間の流れに沿って出来事を整理する

　トラブルや紛争がどうして生じたのかを考える前提として、「時間の流れに沿って当事者の間で生じた出来事を整理する」ことが必要です。これも「当事者図」に時間の流れに沿って、①②③④…と番号を振りながら事実経緯を書き入れていくことをお勧めしています。

❹誰が誰に対して何を請求できるのか

　トラブルや紛争でどのような問題が生じているのか分析するとき、「誰の」「何の権利を」「誰が」「侵害しているのか」という部分に分け、それぞれはっきりとさせなければなりません。そのためにも「当事者図」にそれぞれ書き込んでいくことが必要になります。

❺「当事者図」を精査する

　実務でも「当事者図」は何度も見返す必要があります。ざっと描いただけでは間違いがあったり、事実の拾い漏れがあったりします。ある程度書きあがったらもう一度「当事者図」を精査することが大切です。

❻トラブルや紛争が起きた原因を考える

　事件の解決策を考える前に「原因を考える」ことが必要です。書き込まれた当事者図を眺めながら、あなた自身の常識や倫理、人生経験から「今回の不幸な出来事の原因は何か」を考えてみればOKです。思いついた「原因」は当事者図に書き込んでください。

❼ケースにあった解決策を考える

　ここまでの段階でトラブルや紛争の原因が判明してきているはずですので、いよいよ解決策を考えます。弁護士として私は解決策の判断基準を3つ考えています。「①法的観点、②道義的観点、③戦略的観点」です。
　①**法的観点**：法的にみて責任があるか否かを判断します。
　②**道義的観点**：法的に責任は無いが、人として対応した方が良いか否かを判断します。
　③**戦略的観点**：法的には責任が無いし、人としても対応する必要はないが、それでも評判や名声や今後の関係性を考えると対応をした方が良いか否かを判断します。

　法律の専門家ではない方にとっては、法的観点から厳格な検討を行うことは難しいと思いますので、法的観点は飛ばしてしまって問題はありません。ご自身の倫理観や経験に基づいて、道義的観点と戦略的観点から、解決策を検討して貰えればそれで問題はありません。そのようにして得られた解決策は法的観点からみても、そう遠く外れていることはないからです。

1 マイケルだって同じ！
——ウィ・アー・ザ・平等

幸福追求権（憲法13条）／法の下の平等（憲法14条）

ここがポイント

法律を学ぶスタートとして「最高法規」とも言われる日本国憲法を取り上げます。憲法13条の幸福追求権と憲法14条の平等権は、最初に理解しておく必要がある非常に大切な概念です。

1 当事者のプロフィール

　さて、初回で取り上げるアーティストは、マイケル・ジャクソン（Michael Jackson：1958年8月29日生まれ。アメリカ合衆国、インディアナ州ゲイリー出身）さんです。

　マイケル・ジャクソンさんといえば、「King Of Pop」の代名詞で、レコード・ＣＤの世界総売上数は7億5000万枚以上と世界で最もレコードセールスを記録した人です。知らない人はいないであろうアーティストですね。残念ながら2009年6月25日に心不全で他界し、世界中が深い悲しみに包まれたことは、いまだ記憶に新しいところです。
　さて、初回はそんなマイケル・ジャクソンさんに絡むケースからスタートしていきましょう！
　ん？「マイケル・ジャクソンはロックなのか？」ですって？
　ロックの定義にもよりますが、ジャクソンさんの楽曲はロックテイストに充ち溢れていますし、何より生き様も行動もロック！　ロック裁判所としてはロックの分野にカテゴライズせざるをえないかと。
　いずれにしても、自由を掲げるロックよろしく、**私たちも自由に好きなアーティストを取り上げていきたいと思います。**
　さて、話を戻して、ケースの説明をさせていただきます。

2 ケース

　今回のケースは2005年に起きました。風邪をひいたジャクソンさんは、カリフォルニアの病院「マリアン・メディカルセンター」を訪れました。ジャクソンさんは、同病院に検査入院をすることになったのですが、病室は満室でした。そこで、入院患者の1人であるマヌエラ・ゴメス・ルイスさんという73歳の女性が病室を明け渡すことになります。ところがこの女性は生命維持装置を付けている状態の重症患者だったのです。部屋を出たすぐ後に心臓発作を起こし、亡くなってしまいました。

　ところでジャクソンさんはその日、幼児虐待に対する公判があったものの、この入院を理由に裁判所への出廷をキャンセルしていたといわれています。

　さて、ジャクソンさんはどうなってしまうのでしょうか。

3 ケースの分析と解説

①「当事者」は誰か？
　　　　　　　　　　　〜誰に対して何を請求するかを考える〜

　我々がトラブルや紛争に直面したときに、まず考えるべきことは**「当事者」は誰か**ということです。

　人間は多くの他人と社会的な接触を持ちながら日々の暮らしを営んでいます。トラブルや紛争はこのような社会的な接触関係の中で生まれます。ですから、トラブルや紛争が起きたとき、必ずしも1対1の関係ではなく、多くの登場人物が絡んでくることがほとんどです。そして、それらの登場人物は、立場や役割の強弱に応じて関係性が複雑に絡み合っています。

　そこで、この複雑に絡み合う複数の登場人物の関係性を整理するためにも、「当事者」が誰かをまず最初にハッキリさせる必要があります。

　今回のケースの「当事者」として思い浮かぶのは誰でしょうか。そう

ですね。まずはジャクソンさんとルイスさんが思い浮かぶと思います。ただ、今回のケースで気になるのは「ジャクソンさんはその日、幼児虐待に対する公判があったものの、この入院を理由に裁判所への出廷をキャンセルしていたといわれています」という部分です。

このような話を聞くと、「ジャクソンさんが無理矢理ルイスさんを追いだしたのではないか？」という疑念が湧いてこなくもありません。有名で、お金もあって、行動も大胆な人です。

しかし、ジャクソンさんが無理矢理ルイスさんを追い出すのは不可能です。なぜなら、病院には施設を維持管理する権限がありますし、仮にジャクソンさんが「裁判に行きたくないから入院させて欲しい！　風邪だけど……」と話しながら入院を申し込んできたとしても、病院は受入を拒否することができるからです。

通常の病院であれば拒否するのではないでしょうか。ジャクソンさんであれ他の誰であれ「裁判に行きたくないから入院させて欲しい！　風邪だけど……」という申込みがあった場合には、病院としては「現在ベッドはあいていません。うちには他にも重篤な患者が入院しています。ですので、入院を受け入れることはできません。しかも、風邪であれば、薬を出すので、家に帰って暖かくして栄養をとって寝てください」と入院を断るのが極めて普通の対応ではないでしょうか。

そう考えると、今回のケースでは「ジャクソンさんが来院してきた！」と盛り上がってしまった病院サイドが、おかしな対応をしてしまったということに最大の問題があるように感じます。

したがって、今回のケースの当事者はジャクソンさんとルイスさんだけではなく、病院も入ることが予想されるわけです。実際に、ルイスさんの遺族はジャクソンさんと病院を訴えています。

② **誰が誰に対して何を請求するか**

当事者が決まれば、トラブルや紛争の解決に向けて次に考えなければならない重要なポイントは、当事者の内の**「誰に対して何を請求する**

か」です。

　今回のケースでは、そもそもジャクソンさんの病状は風邪。風邪をバカにしてはいけないとは言え、満室であるにも関わらずジャクソンさんを入院させたのは、有名人であるジャクソンさんが病院に来たので舞い上がってしまった病院のミスです。

　そして、これまでの分析によれば、今回のケースでルイスさんが訴えるべき相手は病院だけで良いのではないかということが考えられるわけです。病院としては、「うわ！　ジャクソンさんだ！　入院して貰おう！　ジャクソンさんに入院して貰えばうちの病院ももっと有名になるし……どうぞ！　どうぞ！　さあ！　どうぞ！　さあさあ！　どうぞ！」とでも思ったのではないでしょうか。そうだとすれば、とんでもない話で、今回のケースでは、ジャクソンさんには責任は無く、全面的に病院が責任を負うべきだという結論になります。

　実際のケースは和解で解決されたと聞いています。和解のため具体的な内容は公開されているのではないかと思います。

　念のためにお伝えしておきますが、私がジャクソンさんが好きだから、このような判断に至ったわけではありません。ケースから当事者の行動や心理を読み解き、法的思考力を駆使してみると、自然とこのような結論に辿りついてしまったということなのです。

③ 原因は何か？
～何が原因でトラブルや紛争が発生したかを考える～

　今回のケースでもそうなのですが、トラブルや紛争の解決を目指すときに重要なのは、原因が誰にあるのかということをしっかりと考えていくことです。

　そのためには、必ずしも法律のことを知らなくても良いのです。まずは、あなたの**常識や倫理**で「**今回の不幸な出来事の原因は誰にあるのか**」と考えてみることが大切です。もちろん、最終的には法律を確認しますが、法律は世の中に無数に存在する道理や道義をルール化したもの

に過ぎません。まずは漠然とした感覚で良いので、常識で測る習慣をつけることがトラブルや紛争を解決するための１つの鍵になるのです。

　私が日ごろ依頼を受けて対応しているケースの中にも、「あれ？　この件は、当事者が違いますよ！　あなたが対応する必要はありません」とお伝えしただけで、相手の請求を退けられるようなケースも沢山あります。交渉で話がまとまらずに、裁判に発展したケースでも「当事者が違いますよ！」という主張だけを主軸にして戦って勝訴したケースもあります。

　意外に思われるかもしれませんが、トラブルや紛争の渦中では感情的な対立も複雑に入り組んでいます。そのため、本当に悪いのは誰か？　本当に責任があるのは誰か？　このような事態が生じた原因は何か？　といった点が見えなくなっていってしまいます。「当事者が誰か？　原因は何か？」ということは、誰もが見落としがちになってしまうのです。

　当事者は誰か、誰が誰に対して請求すべきケースなのか、そしてその原因は何なのかを冷静になって考えてみることが、トラブルや紛争の解決のために必要なポイントの１つなのです。

④ 図を描いて考える

　そして、次に、大切なポイントがあります。

　実際に身近で起きるトラブルや紛争でも多数の登場人物が絡んでくることは少なくありません。例えば遺産相続が発生したとたん、２人や３人どころか、５人や１０人も登場人物が絡んでくる場合もあるのです。それまで名前も顔も知らなかったのに次から次に親せきとして名乗りをあげてくるというケースも沢山あります。多くの登場人物がでてくると、誰が誰に対して何を請求するべきかがわからなくなってしまうことも多いものです。そのような場合にぜひ日ごろから活用していただきたい方法があります。

　それは「図」を描いて整理してみるということです。何人もの人がで

図1-1　関係図に描いて整理しよう

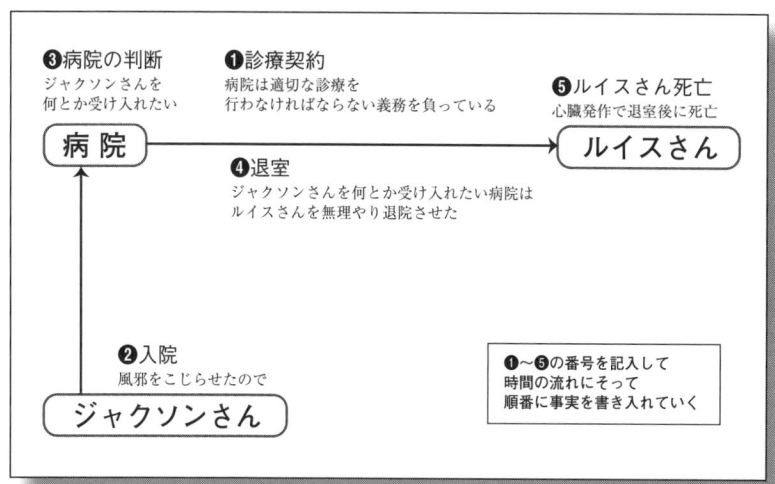

てくると頭の中で整理するにしても限界があります。聖徳太子は同時に10人から話を聞いてもその全てを正確に理解できたといいます。まさに天才政治家です。そのような天才であれば別ですが、普通は右の耳から聞いた話は左の耳から抜けてしまいます。瞬時に何人もの登場人物を頭の中で整理して、瞬時に妥当な解決を導くということは困難です。そこで、考えたことを一旦紙に書き出して図にして整理してみるという作業が必要になるのです。

　図を描いていく中で多数の人の関係が整理できます。図を眺めながら考えることで、誰に何を請求するとどうなるかといったそれぞれの関係性がわかりやすくなります。好みに応じてどんどん情報を図に書き足すことで多くの情報が整理できます。

　図を描く際に工夫すべきことがあります。普通の図には平面的な情報しか盛り込むことができません。ですが、**実際のケースでは何がどのような順番で起きたかが重要**になってきます。

　そこで、時間の流れ、時系列というものを図に記載する工夫をします。物事が起きた順に、図に描き込む情報に①②③④……という番号を

振っていくのです。時間の流れに沿って番号を振っておけば、暫く時間が過ぎても正確に事実経緯を思い出すことは簡単ですよね。

　時系列をまとめていくことで、当事者の気持ちはどうだったのか、どうしてこのような行動をとったのか、想像力を働かせながら、自分も当事者になったつもりで追体験していくこともでき、より深くかつ正確にケースの内容を理解することができるのです。

　私が普段から活用しているお勧めの方法ですので、是非活用してみてください。今回のケースを図1－1（関係図に描いて整理しよう）にまとめてみましたので、参考にしてください。

⑤ 法規範のピラミッド？
～法規範には序列がある～法律で解決！

　当事者は誰か、何が起きたのかを図を使って整理したあとは、そのトラブルや紛争がどのように解決されるべきかを検討することになります。情理を尽くすことで納得してもらえる場合もありますが、話し合いにならない場合や強制力が必要な場合もあります。

　そのために専門家がいて、法律を学んでいるのです。

　今回のケースでは、実際にルイスさんの遺族が病院側に損害賠償請求を行うとすると、民法709条に基づく損害賠償請求などを行っていくことになるのですが、民法709条については後で詳しく説明することにして、今回は国の最高法規である憲法と、憲法の中でも特に大切な憲法13条と憲法14条をマスターしていただきたいと思います。

　その前に、法律のそもそも論からお話ししましょう。
　現在、日本には2000近くの法律があると言われています。その法律を全て理解するのは不可能なことです。「弁護士は法律を全部知っているんじゃないの？」「六法全書を全部暗記しているんでしょ？」などと思われる方もいらっしゃるかもしれませんが、そんなことはありません。2000近くもある法律の全てを理解するのは不可能です。国際法や

条例や政令といったものを含めると、さらに膨大な数の法規範が存在するのです。それらを全部理解することは無理です。
　もちろん、私は弁護士ですから、日々の業務の中でよく使う法律については、ある程度理解しています。私の場合であれば、民法、刑法、会社法、著作権法、商標法、不正競争防止法、倒産法など、日々の業務でよく取扱っている分野の法律はある程度までは理解しています。
　ですが、それ以外では、名前すら知らない法律も沢山あります。弁護士であっても、馴染みのある法律以外は、法規範の体系や勘所を押さえつつ、その都度確認しながら、日々寄せられる様々な法律問題に対処していくわけです。
　法規範を理解する第1歩は、法規範の体系を理解することです。日本の法規範には序列があることをご存知でしょうか。現在2000程度ある法律（これに政令や法令が加わりますので法規範の数としてはさらに膨大な数になります）ですが、実はそこには順位があるのです。
　その順位の中で頂点に位置付けられている法は何でしょうか？
　ご存知の方も多いかもしれませんが、それは「憲法」です。
　たとえば、憲法98条第1項には「この憲法は、国の最高法規であつて、その条規に反する法律、命令、詔勅及び国務に関するその他の行為の全部又は一部は、その効力を有しない」〔ママ〕と規定されています。文字通り憲法が「最高法規」です。
　また、憲法は、全ての法規範の拠り所である根本的なルールということで根本法規ともいわれます。これは、日本の国にある全ての法規範は、憲法に違反してはいけないということです。
　憲法が法規範の大枠を定めています。そして、その具体的な中身をそれぞれの分野の法律や規則などが具体化しているというイメージです。憲法が日本の国にある全ての法規範の最高法規なのです。
　ここで1つ質問があります。

「憲法に違反する法律はどうなるのでしょうか？」

図1-2　法規範のピラミッド

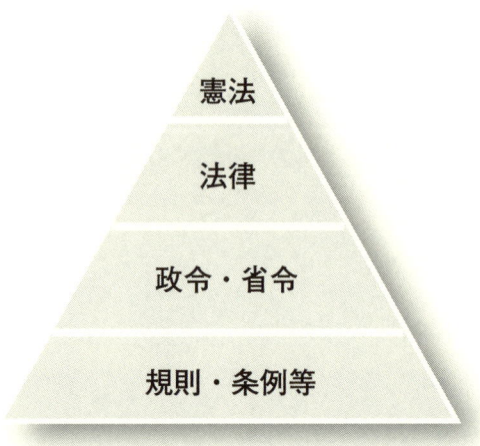

考えてみてください。
　答えは、**憲法に違反する法律は無効**です。憲法に違反しているのであれば、憲法の枠外にある法律です。そのような法律は存在が認められません。ですので、憲法に違反していたら無効になると考えられています。
　このような**法規範の力関係**を理解することが法律を学ぶ上でのスタートです。

⑥ 全ての人には幸せに生きる権利がある
～幸福追求権って？～

それでは憲法のことをお話ししましょう。
　最高法規とよばれるだけあって、憲法には素晴らしい規定が溢れています。憲法には「人は一人ひとりが最高の価値をもっている」とか、「人はみんな平等である」といった理念が規定されています。また、この本では詳しく触れませんが、戦力の放棄や平和主義といった理念も規定されています。わずか1条から103条までの条文ですので、時間をみ

つけて一度読んでみてください。日ごろの暮らしや世の中の仕組みを知るのに役立つ素晴らしい規定がいくつも存在していることに気づくと思います。

たとえば、憲法13条は、「**すべて国民は、個人として尊重される。生命、自由及び幸福追求に対する国民の権利については、公共の福祉に反しない限り、立法その他の国政の上で、最大の尊重を必要とする**」と規定しています。この規定を前提にすれば、内閣総理大臣だって大学教授だってサラリーマンだってニートだって学生だって、誰でも「個人として尊重される」のです。

国民は一人ひとりが個人として尊重されなければならないのです。そして、その一人ひとりがそれぞれ幸せを追求する権利を、国から最大限尊重されているのです。そのようなことが規定されているのが憲法13条です。ロックの歌詞でも使われそうな、本当に素晴らしい条文の1つですね。

今回のケースでも、ジャクソンさんだって、ルイスさんだって、病院の他の患者さんだって、みんな個人として最高の価値をもっていて、それぞれが生命や自由、幸福追求に対する権利を持っているのです。世界的に有名なジャクソンさんだって、それ以外の人だって、幸せに生きるための権利に差はないのです。

⑦ 全ての人には平等に扱われる権利がある
～法の下の平等って？～

それぞれが幸せに生きる権利を持っていて、その権利が国からも尊重されるとして、それぞれの権利の価値はどう考えればよいのでしょうか。このことについても憲法はちゃんと規定してくれています。

たとえば、AさんとBさんという2人の人について考えてみましょう。AさんもBさんもそれぞれが幸せを追求することについて最高の価値を持っています。最高の価値をもつAさんと、最高の価値をもつBさんの2人の権利が衝突した場合、どちらが優先するのでしょうか。

答えは、Aさんでもなければ、Bさんでもありません。基本的には、Aさんも B さんも平等であるということです。A さんの権利が優れているとか、A さんの権利が強いとか、そんなことではありません。A さんも B さんも平等なのです。
　この点について、憲法14条1項は**「すべて国民は、法の下に平等であつて、人種、信条、性別、社会的身分又は門地により、政治的、経済的又は社会的関係において、差別されない」**と規定しています。
　ちなみに、「門地（もんち）」という聞きなれない言葉がでてきますが、これは「家柄」のことです。日本でも、戦前は華族制度というのがありました。士農工商という身分による差別があった時代もありました。家督相続という男女の差別もありました。でもそういった考え方ではなく、人間はみんな平等、命の重さに差は無い、誰もそんな差別を定められない。そういった考えからこれらの差別が撤廃されて禁止されているわけです。

⑧ 今回のケースでは……

　今回のケースに戻って考えてみましょう。たしかにジャクソンさんは世界的に著名なアーティストです。一方、ルイスさんは普通の市民です。病院としてはジャクソンさんを優遇しようと考えたのかもしれませんが、その考え自体が、憲法14条1項の理念にも違反しているのです。病院はジャクソンさんを優遇するのではなく、それぞれの病名や症状やルイスさんが先に入院していたことからすれば、ルイスさんを退室させるべきではなかったのです。病院は人の生殺与奪を預かる施設です。いかにジャクソンさんが世界的に有名なアーティストであって、仮にドクターがジャクソンさんの大ファンであったとしても、それでもジャクソンさんをひいきにしてはいけないのです。
　ルイスさんをないがしろにして、ジャクソンさんを優遇してしまい、結果的にルイスさんを死なせてしまった病院に落ち度があることは明らかです。人は皆、法の下では平等です。特に生命や健康に直結する医療

機関は、今回のような差別的取り扱いは厳に慎まなければなりません。今回のケースにおける病院側の違法性は顕著です。

なお、憲法は国対私人の間に適用される法律ですので、今回のケースでは直接憲法が適用されることはありません。ただ、憲法も私人対私人の関係にもその理念が間接的に適用されると考えられています。

4 今回のケースで使用した法律

今回は憲法の素晴らしい2つの条文を紹介させていただきました。全ての法律や今後のロック裁判所のケースを考えていく上での土台となる素敵な条文ですので、この機会にしっかりとマスターしてください。

●憲法　第13条
すべて国民は、個人として尊重される。生命、自由及び幸福追求に対する国民の権利については、公共の福祉に反しない限り、立法その他の国政の上で、最大の尊重を必要とする。
●憲法　第14条
1．すべて国民は、法の下に平等であつて、人種、信条、性別、社会的身分又は門地により、政治的、経済的又は社会的関係において、差別されない。
2．華族その他の貴族の制度は、これを認めない。
3．栄誉、勲章その他の栄典の授与は、いかなる特権も伴はない。栄典の授与は、現にこれを有し、又は将来これを受ける者の一代に限り、その効力を有する。

5 まとめ　弁護士奥山倫行の「これで、サティスファクション」

余談ですが、先日、私がある定食屋さんで鯖塩焼き定食を頼んで楽しみに待っていたところ、TVでよく見かける有名人がそのお店にやってきました。そして、何と、あろうことか、その人の頼んだナントカ定食が先に出きてしまいました。お腹をすかしていた私は、「有名人ってい

うだけで優先してもらったのではないか？」と憤りを感じました。

　私もお腹をすかして鯖塩焼き定食を待っていたわけで、その順番を入れ替えられてしまっては、重大な権利侵害にほかならないと感じたわけです。頭の中では、ほかほかのご飯と脂の乗った鯖の塩焼きをぱくつく自分のイメージも最大限に膨らんでいました。その先には満面の笑顔とともに**幸福な満腹感に酔いしれる至福のとき**がまっていたはずだったのです。

　注文に関して言わせていただけば、やはり、本来は注文順で飲食物の提供が行われるべきではないでしょうか。理由があればまだしも、そのときは有名人の来店に皆浮足だっていたことが明らかでした。その証拠にお店の人も色紙をもってサインをお願いしたりしていました。ですが**一人ひとりの空腹の価値だって平等**なのです。それを忘れてしまった定食屋さんには、もう３年間は行かないと決めましたし、ＴＶでその有名人を見ると、自然とチャンネルを変えてしまいますね。当時の不快な想いが蘇ってきて嫌な気分になりますから。

　だいたい、その有名人も「お先にすみません」の一言くらいあっても良いと思いますし、一体どういうことなのでしょうか……。

　熱くなってしまったからか、話がそれました。しかも、急に話の規模も小さくなってしまった気もしますし、何とも気恥ずかしい限りではありますが、事件の価値は人それぞれということでご理解いただきたいと思います。

　いずれにせよ、お伝えしたい大切なことは「一人ひとりが個人として最高の価値をもっている。そして、一人ひとりが幸せを追求する権利ももっている。さらに、その一人ひとりは法の下では平等に取り扱わる」ということです。

　ロックの世界では、とかくロックスターがチヤホヤされがちです。でも、大切なのは「法の下の平等」です。チヤホヤされる側にもチヤホヤする側にも問題がありますし責任があります。チヤホヤが悪いとは言いません。日本は法治国家である以上、チヤホヤも一定のルールの下で行

われるべきだと思います。他人の人権に配慮したチヤホヤでなければいけません。チヤホヤの先にあるのは差別です。差別は重大な人権侵害につながりかねませんし、差別は流されなくてもよい涙や沢山の悲しみを生み出します。人は皆、生まれながらにして平等なのです。それを忘れずに生活していけば、無意味な差別や無意味なトラブルも少なくなるのではないでしょうか。

　ちなみに、私の鯖塩焼き定食事件は、有名人の後回しにされたというよりは、焼くのに時間がかかって後になっただけかもしれないですね。今この原稿を書きながら、冷静になって振り返ってみれば、その可能性も否定できません。今思い出すと、焼き立ての鯖で、塩加減も抜群で美味しかったです。個人的には「**懲役3年！**」とか言って、3年間は通うまいと思っていましたが、お腹もすいてきましたし、近いうちにもう1回あの定食屋に行ってみようと思います。そこで満腹になれば、全員サティスファクションです。

☞ おさらいポイント

①日本にはどれくらいの数の法律がありますか？
②日本の「最高法規」はどんな法律でしょうか？
③日本の「最高法規」に違反する内容の法規範はどうなりますか？
④憲法13条にはどのような内容が規定されていますか？
⑤憲法14条にはどのような内容が規定されていますか？

COLUMN ロックの玄人 河野吉伸の「この曲を聴け！」

　今回のケースにぴったりくる曲は「BAD」です。奥山弁護士の解説にもありましたが「当事者は誰か？（誰が悪いのか？）」まさしく「Who's BAD」ですね（笑）このマイケル・ジャクソンのアルバム「BAD」は、ソロアルバムとしては3作目にあたり、1987年8月に発売されました。2012年9月には発売25周年記念盤が発売されたことでも有名ですね。また、このアルバムには、マイケル・ジャクソンが世界平和を願った曲とされる「マン・イン・ザ・ミラー」も収録されており、今回の「全ての人には幸せに生きる権利がある 〜幸福追求権って？〜」にぴったりのアルバムだと思います。

- タイトル：バッド
- アーティスト：マイケル・ジャクソン
- ジャンル：R＆B／ポップス／ファンク
- リリース：1987年8月31日
- 時間：48分10秒
- レーベル：エピックレコードジャパン
- 曲目：下記に記載

1. バッド
2. ウェイ・ユー・メイク・ミー・フィール
3. スピード・デーモン
4. リベリアン・ガール
5. ジャスト・グッド・フレンズ
6. アナザー・パート・オブ・ミー
7. マン・イン・ザ・ミラー
8. アイ・ジャスト・キャント・ストップ・ラビング・ユー
9. ダーティー・ダイアナ
10. スムース・クリミナル
11. リーブ・ミー・アローン

2 逮捕されたフィル・スペクターを「悪人」と疑わない方法

無罪推定の原則／疑わしきは被告人の利益に／殺人罪（刑法199条）

ここがポイント

逮捕や刑事事件なんて関係ない世界の出来事、そう思っていませんか。刑事裁判に裁判員制度が実施されている今、実は誰もが関係し得る出来事になっています。この章では誰もが心得ておくべき、刑事手続に関する大切な大原則を取り上げます。

1 当事者のプロフィール

今回の当事者はフィル・スペクター（Harvey Phillip Spector：1940年12月26日生まれ。アメリカ合衆国、ニューヨーク市ブロンクス出身）さんです。

スペクターさんはアメリカの音楽プロデューサーです。十代のころから音楽活動を始めて、テディ・ベアーズの1人として活動しました。テディ・ベアーズの「To Know Him Is To Love Him」で全米1位ヒットを記録するなど、スペクターさんは早くから才能を開花させます。その後は、音楽プロデューサーに転身し、多くのアーティストのプロデュースを行った名プロデューサーとして有名です。

スペクターさんのサウンドは"Wall Of Sound"（音の壁）とも称され、何度も何度もオーバーダビングを繰り返して作られるゴージャスなサウンドづくりは多くの音楽制作者やミュージシャンに多大なる影響を与えました。

ビートルズをはじめ錚々たるアーティストをプロデュースしたことで有名です。特にジョン・レノンやジョージ・ハリスンは、スペクターさんの音楽プロデューサーとしての手腕に感銘を受け、スペクターさんは多くのビートルズメンバーのアルバムのプロデュースを務めました。

2 ケース

今回のケースが起きたのは2003年2月のことです。ロサンゼルスに

あるスペクターさんの自宅の玄関先で女優のラナ・クラークソンさんが射殺され、スペクターさんが殺人罪に問われてしまうという事件が起きました。はじめスペクターさんはラナさんの自殺を主張していました。

その後、ロサンゼルスの裁判所では評決不能といった宣言も出るなど、事件は迷宮入りしかけました。結局、2009年4月に再度検察側が申し立てをします。そして審議を経て、第二級殺人罪でスペクターさんは有罪とされてしまいました。ロック史に大きな影響を与えた今回のケースですが、今回のケースから私たちが学ぶべきポイントはどこにあるのでしょうか。

3 ケースの分析と解説

① 被告と被告人の違い

今回のスペクターさんの立場は「被告人（ひこくにん）」と呼ばれます。「被告人」に似た言葉で「被告（ひこく）」という言葉があります。被告人と被告の違いはご存知でしょうか。今回のケースでは、まずはこの呼び名を正確に理解することからスタートしていきましょう。法律用語には紛らわしい言葉が多いのですが、数は限られています。この本を読み進めていただければ、そのような紛らわしい言葉もしっかりとマスターすることができます。その1つがこの「被告人」と「被告」なのです。

被告人と被告は、いずれも訴えを起こされる側の人を指す名称ですが、民事事件と刑事事件の違いがあります。刑事事件で罪を犯したと疑われる人は、「検察官」から起訴されて刑事訴訟を起こされ、「被告人」と呼ばれます。他方で、民事事件では、民事訴訟を提起する側（裁判をおこす側）は「原告（げんこく）」と呼ばれます。民事訴訟を提起される側（裁判を起こされる側）は「被告」と呼ばれます。いずれも裁判を提起される人のことですが、**刑事事件では「被告人」と呼ばれ、民事事件では「被告」と呼ばれます**。

日ごろ目にする新聞や雑誌の記事、ワイドショーのコメンテーターの

発言の中でも「被告人」と「被告」が混在して使われているような例を見かけます。しかし、「被告人」と「被告」では意味合いがまったく異なってきますので、注意していただきたいと思います。間違い探しをするような視点で雑誌やワイドショーなどを見てみると、この間違いが結構多いことに気付くと思います。私も暇でしょうがないときには、このような間違い探しをして過ごしたりしています。是非1度トライしてみてください。

さて、今回のケースのスペクターさんは殺人罪という刑事上の罪で訴えを起こされている身ですから、「被告」ではなく「被告人」ですね。日本の裁判では「被告人フィル・スペクター」と呼ばれることになります。

② 被疑者と被告人の違い

せっかくですからもう1つ、言葉の違いを覚えてしまいましょう。こちらもよく似た言葉なのですが「被疑者」と「被告人」という言葉があります。

いずれも刑事手続で使われる言葉なのですが、刑事手続で罪を犯したと疑われる人は捜査機関に逮捕されたり勾留されたりします。そのような**疑いをかけられた状態の人は「被疑者」**と呼ばれます。

その後、捜査が進むと、検察官によって事件が起訴されます。起訴というのは刑事裁判を起こすことです。被疑者は**起訴された段階で呼び名が変わって「被告人」と呼ばれます**。罪を犯したと疑われる人も、刑事

図2-1 当事者の呼び名

	民事裁判	刑事裁判
裁判される前	―	被疑者（ひぎしゃ）
裁判を起こす人	原告（げんこく）	検察官
裁判を起こされた人	被告（ひこく）	被告人（ひこくにん）

裁判になる前と後では違う名前で呼ばれるわけです。紛らわしいところですが、せっかくですので、被告と被告人、被疑者と被告人の違いを覚えてしまってください。

③ 証拠裁判主義
~事実認定は証拠によって行われなければならない~

さて、今回のスペクターさんの裁判では、被告人であるスペクターさんが「人を殺した」のか否かをはっきりさせる必要があります。

その際に注意していただきたい大切なことがあります。今回のような刑事訴訟には、**証拠裁判主義**という大原則があります。すなわち、「**事実認定は証拠によって行われなければならない**」という大原則です。

証拠裁判主義と対置される制度として、盟神探湯・亀甲占いなどの神判や、魔女裁判、決闘裁判などの制度があります。これらの制度の内容を知ることは、証拠裁判主義の理解を深める上でも役立ちますので、少し紹介させていただきます。

まずは、盟神探湯についてです。古代の日本では盟神探湯という裁判が行われていたと言われています。これは、対象となる者に、神に対して「自分は潔白である」などと宣誓させた上で、釜でグツグツと沸かした熱湯の中に手を入れさせます。潔白である人は火傷せず、罪を犯した人は大火傷を負うというものです。でも、グツグツ煮立った熱湯に手をいれれば殆どの人は火傷しますよね。殆どの人が火傷してしまうので、裁判の対象にされた段階でほぼ有罪が確定してしまうわけです。とんでもない裁判制度です。また、それ以外にも、毒蛇を入れた壺に手を入れさせ、正しい者は無事で……という様式の裁判もあったといいます。

次に、亀甲占いというのは、亀の甲羅を焼いて、鉄の串などで突き刺してひび割れの仕方で占うという判断の基準が極めてあいまいな裁判制度です。真実は神のみが知るというものです。偶然に左右されてしまいますし、そのひびの割れ方の判断をする人の主観によって裁判の帰趨が決してしまうとんでもない裁判制度です。

自分が盟神探湯や亀甲占いで裁かれる場面を想像してみてください。こんな偶然で理不尽な制度で自分が裁かれて納得できる人はいるのでしょうか。現代を生きる私たちの殆どは、このような裁判に納得できないはずです。

　そこで登場するのが証拠裁判主義という考え方です。証拠裁判主義のもとでは、事実認定は証拠に基づいて行われます。事実認定の過程を客観化・透明化するという考え方です。たとえば、裁判官が「この人は罪をおかしたに違いない」「この人は罪をおかしていないと言っているけど信用できない怪しい奴だ」と思ったとしても、それを裏付ける証拠がなければ、裁判官が勝手に自分の思い込みだけで有罪や無罪を決定することはできないという制度なのです。

　もちろん、証拠裁判主義のもとで、証拠に基づいて人が判断すると言っても、人が判断する以上は限界があります。現実的にも多くの「冤罪」が起きています。冤罪というのは無実であるにも関わらず犯罪者として扱われてしまうことです。ただそれでも、盟神探湯や亀甲占いなどで裁かれることに比較すると納得感は違うはずです。

　したがって、スペクターさんが殺人罪で有罪とされるためには、検察官が法廷に提出する「証拠」に基づいて、ラナ・クラークソンさんを殺したのは「スペクターさんが犯人だ」と認められることが必要になるのです。

④ 証拠について学ぼう（1）
～情況証拠に基づく判断～

　証拠というのは、ある命題（真偽不明な主張や存否不明な事実）の真偽や存否を判断する根拠となる資料のことです。刑事裁判では事実認定は証拠によって行われなければならないとされていますので、正に証拠の有無が裁判の結果を左右することになります。

　証拠には「物証」と「人証」があります。物証は凶器などの物です。人証は人の供述や証言です。

図2-2 人証と物証

	分類	具体例
人証（人的証拠）	証人 鑑定人 当事者本人	目撃者 医者や学者など専門家 原告・被告・被告人
物証（物的証拠）	文書 検証物	契約書・領収書など 凶器・壊された物など

＊実際の裁判では物的証拠（特に契約書や借用書などの文書）が重視される傾向にあります。

　イメージを思い浮かべていただくと理解が深まると思います。たとえば、AさんがBさんをバットで殴ったという暴行事件が起きたとします。AさんがBさんを殴ったバットが凶器です。この「バット」が物証になります。そして、AさんがバットでBさんを殴るのを見たという目撃者Cさんがいたとして、その「Cさんの証言」は人証ということです。

　さて、今回のケースでスペクターさんは「殺していない」と主張していますから、それ以外の物証や「情況証拠」に基づいて、スペクターさんの有罪か無罪かが判断されることになります。

　情況証拠というのは、たとえば今回の殺人罪であれば「人を殺した」ということを直接証明するわけではありませんが、「人を殺した」と思われる事情を証明する証拠のことです。

　もう少し噛み砕いて説明させていただきます。今回のケースでいえば、犯罪の起きた日のその時間に現場の近くでスペクターさんを目撃したという第三者の証言や、スペクターさんがラナ・クラークソンさんを殺したいほど恨んでいた（動機）ことが窺われる日記などが情況証拠になります。これらは、スペクターさんがラナ・クラークソンさんを殺害したことを直接的に証明するわけではありません。しかし、スペクターさんがラナ・クラークソンさんを殺害した可能性が高いことを窺わせる証拠になります。すなわち、これらの証言や日記が存在することは、ス

図2-3　直接証拠と間接証拠

	意味	具体例
直接証拠	証明の対象となる事実を直接的に証明する証拠	「私はBを殺しました」というAさんの証言　など
間接証拠 （状況証拠・情況証拠）	証明の対象となる事実を間接的に証明する証拠	Bさんが殺される直前にAさんとBさんが一緒に写っていた写真　など

＊間接証拠は犯罪事実（AがBを殺した）を間接的に推認させることになりますが、直接証拠と比べて犯罪事実の証明としては弱くなります。

ペクターさんが犯行を行ったことを推認させるものなのです。

　私が万が一にでもスペクターさんから弁護のアイデアをだすことを依頼されたらと考えると悩ましいところです。スペクターさんを救うためのアイデアを絞りだしたいところではありますが、実際にはスペクターさんに不利になるエピソードが沢山あるのです。

　たとえば、スペクターさんは、ガンマニアとして有名で、沢山の銃を保有していたようです。スペクターさんがジョン・レノンさんのプロデュースをしていた時も銃を持っていたらしく、イライラしてレノンさんに向かって発砲したことがあったそうです。イライラして発砲……普通の人の思考や行動の域を超えてしまっていますよね。裁判では、このような過去のエピソードも証拠として提出されることがあり、情況証拠の1つとして、スペクターさんが犯人かどうかの判断の際に参考にされてしまうのです。

⑤ 証拠について学ぼう（２）
～経験則に基づく判断～

　証拠の種類や証拠の意味についてはご理解いただけたと思いますが、そもそも裁判官は、証拠に基づいて何をどのように判断するのでしょうか。

図2-4 三段論法と法的三段論法

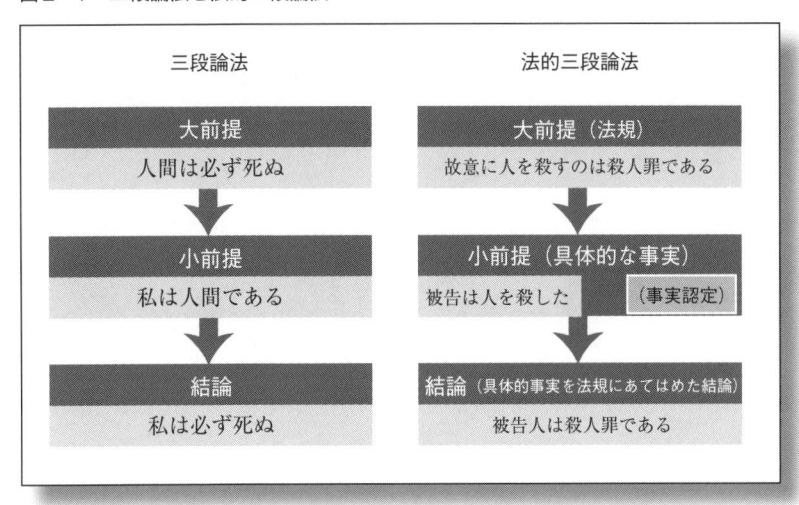

三段論法	法的三段論法
大前提 人間は必ず死ぬ	大前提（法規） 故意に人を殺すのは殺人罪である
小前提 私は人間である	小前提（具体的な事実） 被告は人を殺した　（事実認定）
結論 私は必ず死ぬ	結論（具体的事実を法規にあてはめた結論） 被告人は殺人罪である

　裁判というのは、裁判官という人間が様々な状況に照らして、証拠から過去の出来事を「こういうことだったのだろう……」と推認し、そこに法律を適用する仕組みです。
　その際には「**法的三段論法**」という推認方法が用いられます。
　三段論法というのは、①大前提、②小前提、③結論の3個の命題を用いて行う論理的推論形式の1つです。そして、法的三段論法というのは、法律を適用することができるかどうかを、①**大前提（法規）**、②**小前提（具体的な事実）**、③**結論（法規に具体的な事実を当てはめて得られた結論）**の3段階に分けて説明する方法です。**図2-4（三段論法と法的三段論法）**をご覧ください。
　実際の裁判では、①大前提（法規）について争われることは少なく、②小前提（具体的な事実）や③結論（法規に具体的な事実を当てはめて得られた結論）の2つが争われます。その中でも、多くの裁判では具体的な事実がどうだったのかが1番の争点になります。
　過去にどのような事実があったのか、過去に起きた出来事を、証拠と裁判官の推認によって事実として認定していく作業が必要になります。

これが「**事実認定**」といわれるものです。

　過去の出来事の一部始終をビデオ録画して映像として保存してある場合など、全ての出来事を説明する資料があれば良いのですが、現実にはそう上手くはいきません。現実の生活の中で全ての出来事を録画したり、記録に残したりしておくような人はいないからです。最終的には、裁判の当事者から断片的に提出される証拠に基づいて、裁判官が事実認定を行うことになります。

　そして、裁判官が事実認定を行う際に用いられるのが「**経験則**(けいけんそく)」です。経験則は経験の蓄積によって得られた法則のことです。普通の人であれば、こういう時には、このように行動するだろうという考え方です。様々な証拠から過去に起きた出来事は「こういうことだったのだろう……」と判断する際に「経験則」が活躍するわけです。

　たとえば、真夏にビアガーデンに行った場面を想像してみてください。気温は34度です。炎天下です。椅子に座ってビールを注文しようということになりました。メニューをみると、ぬるいビールとキンキンに冷えたビールがあるではありませんか。このような状況下で、あなたはどちらのビールを注文しますか。ぬるいビールとキンキンに冷えたビールの2種類のメニューがあった場合、大抵の人はキンキンに冷えたビールを選ぶでしょう。それが「常識」だと思います。私たちがそれぞれ人生を過ごしてきてこれまで培ってきた「常識」から「34度の炎天下の中であえてぬるいビールを注文する人は少ないだろう。大抵の人はキンキンに冷えたビールの方を選ぶだろう」という結論を導いたわけです。これが「経験則」による判断です。

　今回のスペクターさんのケースに戻ります。イライラした場合、通常、人はどのような行動をとるでしょうか。人によって様々だとは思いますが、たとえば、カラオケに行って大声で歌うとか、スポーツをして汗を流すとか、プリンを食べまくるとかが多いかもしれません。普通の人であれば、少なくとも突然発砲はしないと思います。日本であれば、まず銃をもつこと自体が禁止されていますし、仮に何らかの事情で銃を

持っていたとしても、銃を発砲して物を壊したり、人を傷つけたりすると、大問題になることを知っているからです。

　それにもかかわらず、スペクターさんは過去にイライラして発砲をしたことがあります。あろうことか、発砲の相手はジョン・レノンさんでした。音楽界でも何百年に１度生まれるか生まれないかの天才であるレノンさんに対して拳銃を向けて脅したことがあるのです。

　過去の奇行といいますか、愚行といいますか、そのような経験があるスペクターさんの場合、そのとき以上にイライラするような事態が発生したら、簡単に発砲することもありうるのではないかと推認できるわけです。スペクターさんの過去の行いによって、スペクターさんにとって良くない方向での推認が働いてしまうわけです。いざというときに自分を助けてくれるか、自分にとって不利に働くか、日ごろの振る舞いや行動も大切なのです。

　なお、スペクターさんはラナ・クラークソンさんの自殺であると主張していましたが、現実の裁判では、銃弾の入射角や、それまでの二人の関係、考え得る動機、事件直後の行動、それらを裏づける関係者の証言などといったことが判断の基礎になり、結果的にスペクターさんに不利な判断がなされてしまっています。音楽史に名前を刻み、音楽市場に多大なる功績を残した名プロデューサーなのですが、非常に残念な結果になってしまいました。

⑥ 近代刑事法の大原則
～無罪推定の原則と疑わしきは被告人の利益に～

　日本でも裁判員制度が導入されて大分時間が過ぎました。もしかすると、皆さまの中には裁判員になったことがある方もいらっしゃるかもしれません。もしくは、まだ裁判員になったことがなくても、いつ要請があるかわかりません。その時にずっとファンだったロックスターの事件を任される可能性もあります。

　その際といいますか、いや、それ以外のときでも、これから説明する

「**無罪推定の原則**」、「**疑わしきは被告人の利益に**」という刑事手続の大原則を思い出していただきたいと思います。私たち一人ひとりが決して忘れてはならない非常に大切なルールがあるのです。

　刑事手続には「刑事手続きの中で裁判が確定するまでは、いかなる人であっても無罪として推定される」（＝無罪推定の原則）という大原則と、「証拠によって明確に認定することができない場合には、被告人に有利に判断しなければならない」（＝疑わしきは被告人の利益に）という大原則があります。たとえ本人が罪を認めたとしても、刑事裁判で最終的に刑が確定するまでは無罪と推定されるわけです。

　ですから、どんな人であっても刑事裁判が終わって判決が確定するまでは「犯人」として扱われてはいけないのです。内閣総理大臣であろうが、サラリーマンであろうが、公務員であろうが、無職者であろうが、フリーターであろうが、ニートであろうが、ロッカーであろうが、学生であろうが、その人の身分や立場に関係なく、誰にでも等しく保証される権利ですし、私たちが心に留めておかなければならない大切なルールです。

　私たちはテレビなどで事件に関する報道に接することも多いと思います。そして、私たちは事件の犯人と目される人が「捕まった」「逮捕された」と知ると「こいつは悪いヤツだ！」「何てことだ！　とんでもない人だ！」と思い込んでしまいがちです。ですが、この思い込みが危険なのです。**思い込みが不幸な冤罪事件を生む元凶なのです。**私たちは、決して先入観を持たないように努めなければなりません。

　特に最近は刑事事件の初期の段階から一定の方向にバイアスのかかった報道が行われがちです。報道機関に要請される公共性に反していると思われる加熱報道にも接します。記憶にある方も多いのではないかと思いますが、1994年に起きた松本サリン事件のときなんて、本当に酷かったですよね。

　身に覚えがなくても、ある日突然、警察が家や職場に押しかけてきて、身柄を拘束されてしまう……。このようなことを他人事だと思わな

いでください。これは誰にでも起こり得ることなのです。私たち一人ひとりの思い込みや偏見が、特に捜査の初期の段階では、重大な人権侵害を招きかねない場合があります。そのような思い込みや偏見が、被疑者の家族や関係者に与える影響も見逃すことはできません。子どもの人格形成や将来に影響を与える可能性も大きいのです。私たちは「疑わしきは被告人の利益に」「無罪推定の原則」を忘れずに行動しなければなりません。マスコミ報道のみを鵜呑みにして軽率に有罪・無罪の判断をしてはいけないのです。

　スペクターさんの場合だって、ちゃんと検証をしなければいけません。かなり不利なケースには思われても、最終的に有罪判決が確定するまでは無罪ですし、スペクターさんは「犯罪者」ではないのです。そのような姿勢でケースを見ることが私たち全員に求められています。

4 今回のケースで使用した法律

　今回は刑法と刑事訴訟法について紹介させていただきました。刑法は「**実体法**」といわれます。刑事訴訟法は「**手続法**」といわれます。

　実体法というのは、権利義務の実体（発生・変更・消滅）を規定した法のことです。これに対して、手続法は、その権利義務を実現するための手続を規定した法のことです。民事事件であれば、民法という実体法があって、民事訴訟法という手続法があります。刑事事件であれば、刑法という実体法があって、刑事訴訟法という手続法があります。民事事件と刑事事件をまとめて覚えれば記憶に残りやすいと思います。以下の条文を今一度確認しておいてください。

●刑法　第199条（殺人）
人を殺した者は、死刑又は無期若しくは5年以上の懲役に処する。
●刑事訴訟法　第317条
事実の認定は、証拠による。

●刑事訴訟法　第336条
被告事件について犯罪の証明がないときは、判決で無罪の言渡をしなければならない。

5 まとめ　弁護士奥山倫行の「これで、サティスファクション」

　今回は刑事事件に関するとても大切な話をさせていただきました。刑事手続には、裁判が確定するまでは、いかなる人であっても無罪として推定されるという原則（「無罪推定の原則」）があります。また、証拠によって明確に認定することができない場合には、被告人に有利に判断しなければならないという原則（「疑わしきは被告人の利益に」）もあります。たとえ本人が罪を認めていたとしても刑事裁判で最終的に刑が確定するまでは無罪と推定されるのです。私たちは「この人が犯人だ」「この人が犯人っぽいぞ」という報道に接した場合には必ずこの2つの原則を思い出す必要があるのです。

　そもそも、日常の生活の中でも疑われることって結構ありませんか？私たちは日々の暮らしの中で家庭でも職場でも色々な嫌疑をかけられる危険に晒されています。たとえば、クライアントからお歳暮にいただいた冷蔵庫の中のプリンを食べたのは○○先生だとか、燃えないゴミの日じゃないのに燃えないゴミを出したのは24階の○○さんに違いないとか、事務所の暖房を切らないで帰ったのは○○先生に違いないとか、言われのない嫌疑をかけられることがあります。でも、疑いの眼差しに屈する必要はありません。私自身も日々この偉大なる大原則に支えられながら事務所生活や社会生活を営んでいます。

　この「無罪推定の原則」「疑わしきは被告人の利益に」という2つの大原則は、特に裁判員になる人は絶対に忘れてはいけません。日本の刑事裁判は起訴された事件のうち99.8％が有罪になると言われています。それでもやはり刑が確定するまでは無罪が推定されなければなりません。実際に不幸な冤罪事件が何件もでています。冤罪事件の当事者や

関係者は一生を棒に振ることになるのです。「自分には関係ないさ」と思っている人もいるかもしれませんが、そんなことは言い切れません。誰でも、いつ、冤罪事件の当事者として巻き込まれてしまうかもしれません。他人事ではなく自分にも起こり得ることとして想像力を働かせてみて欲しいと願います。

　私たちが2つの大原則を胸に刻み込んで、日ごろからからきちんとした生活を心がけて誠実に過ごしていけば、社会全体がサティスファクションになるのです。

おさらいポイント

① 「被告」と「被告人」の違いは何ですか？
② 「被疑者」と「被告人」の違いは何ですか？
③ 「証拠裁判主義」とは何でしょうか？
④ 「物証」とは何でしょうか？
⑤ 「人証」とは何でしょうか？
⑥ 「無罪推定の原則」とは、どのような原則でしょうか？
⑦ 「疑わしきは被告人の利益に」とは、どのような原則しょうか？

COLUMN ロックの玄人 河野吉伸の「この曲を聴け！」

　今回ご紹介したい曲は"Wall Of Sound"（音の壁）とも称され、ロック界に多大なる影響を与えた彼の代表曲、ザ・ロネッツの「ビー・マイ・ベイビー」です。この曲はレコーディングだけで42回もやり直したという、完璧を求めるフィル・スペクターらしい逸話が残っています。そして、ジョン・レノンの「ラヴ」ですね。この曲が収録されたアルバム「ジョンの魂」もフィル・スペクターがプロデュースしました。フィル・スペクターは、レコーディング中に意見が対立したジョン・レノンを拳銃で脅したという逸話もあります。

　この逸話だけを読むと「フィル・スペクターってとんでもない奴だ！」と思ってしまいがちですが、それは「良い作品を作ろうという強い想い」から起こったことかもしれません。今回のケースにもあ

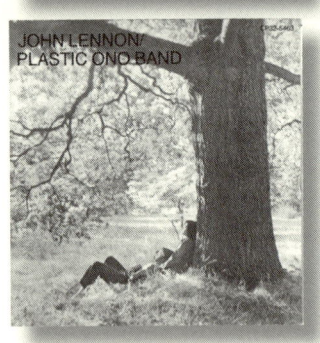

りますように「無罪推定の原則」「疑わしきは被告人の利益に」という大原則を胸に刻みつつ、フィル・スペクターの"Wall Of Sound"「ビー・マイ・ベイビー」を聴いてみてはいかがでしょう。

- ●タイトル：ビー・マイ・ベイビー
- ●アーティスト：ザ・ロネッツ
- ●ジャンル：ポップス
- ●リリース：1963年8月
- ●時間：2分41秒
- ●レーベル：フィレス・レコード

- ●タイトル：ジョンの魂
- ●アーティスト：ジョン・レノン
- ●ジャンル：ロック
- ●リリース：1970年12月
- ●時間：38分19秒
- ●レーベル：ＥＭＩミュージック・ジャパン
- ●曲目：下記に記載
  1. マザー
  2. しっかりジョン
  3. 悟り
  4. 労働階級の英雄
  5. 孤独
  6. 思い出すんだ
  7. ラヴ（愛）
  8. ウェル・ウェル・ウェル
  9. ぼくを見て
  10. ゴッド（神）
  11. 母の死

3 マイケル・シェンカーがUFOに攻撃された?!

信義誠実の原則（民法1条）／安全配慮義務違反（民法1条）

ここがポイント

千差万別の人々がそれぞれ自由気ままに過ごしたら社会は成り立ちません。そこで、社会的接触関係を規律する法律が必要になります。その法律こそが「民法」です。この章では、民法を学ぶにあたって最初に理解しておくべき、大切なルールを取り上げます。

1 当事者のプロフィール

　今回の当事者は、マイケル・シェンカー（Michael Schenker：1955年1月10日生まれ。ドイツ、サルステッド出身）さんです。

　マイケル・シェンカーさんはドイツ出身のギタリストです。1969年結成のバンド「UFO」のギタリストとしてデビューしました。1980年に自分自身のバンド、マイケル・シェンカー・グループを結成して活動しています。彼の華麗でメロウなギターソロテクニックは当時のギターキッズの間で「神」と称されました。80年代のスーパーギタリストの1人です。**愛用のギターは名器「フライングV」**です。

　マイケル・シェンカーさんがフライングVを弾く立ち姿が格好良すぎて、自分のギターを持って立ち姿を何度真似たことか……私が所有するギターはギブソンのレスポールとアンペグのクリスタルギターなので、マイケル・シェンカーさんのフライングVのように右足にギターのボディーをピタッとはめることができません。でも雰囲気だけは真似たいということで、鏡の前でポーズをとったりしますね……。それにしてもフライングVに憧れます。テレキャスターも欲しいですけど。緩急自在のギターソロや炎のギターリフ。ギターキッズが憧れる偉大なギターヒーローの1人です。

2 ケース

　今回のケースはロック史に燦然と刻まれている壮絶な大参事の1つで

す。事件は1983年にマイケル・シェンカー・グループが日本ツアーを行ったときに発生しました。場所は横浜文化体育館です。

マイケル・シェンカー・グループのライブ中にZippoのライターをプレゼントしようとした1人のファンが、あろうことか「Rock Bottom」演奏中のシェンカーさんに向かってそのライターを投げつけてしまいました。

しかも、運悪くそのライターはシェンカーさんの額に命中してしまいました。怒ったシェンカーさんはフライングVを投げ捨て楽屋に引っ込み、そのままライブは終了となってしまいました。あまりの惨事に観客は騒然。シェンカーさんは「こんな物騒なモノ」を投げるような観客を入れた会場側を訴えることはできるのでしょうか。今回の不幸な出来事はどのように考えると良いのでしょうか。

3 ケースの分析と解説

今回のケースは、演奏中に会場の暗闇から突然、四角い未確認飛行物体が飛んできてシェンカーさんの額を直撃したという、ロック史でも語り継がれる衝撃の大惨事です。ケースの分析の仕方については1章でも行いましたので復習的な意味合いも込めて一緒に整理を進めていきましょう。

① まずは当事者を列挙する

今回のケースの当事者は誰でしょうか。シェンカーさんと観客だけとお考えになるかもしれませんが、そうではありません。まずはそこに気づくことがスタートです。

想像力を働かせて他の関係者がいないかを検討してください。シェンカーさんとZippoを投げつけた観客以外にも、主催者や会場の運営会社、場合によっては、警備会社など、様々な当事者が絡んできそうだと想像がつくはずです。

今回のケースでは、シェンカーさんと観客、主催者と会場の運営会社の４者を列挙することができるのではないでしょうか。その他にも警備会社などもいるかもしれませんが、今回はとりあげません。まずはともかく「当事者になる可能性がある人を列挙する」というポイントを理解していただきたいと思います。

② 次に当事者の関係を切り分けて整理する

　さて、当事者になる可能性がある人を列挙できたら、次に行うのは「当事者の関係を切り分けて整理する」ということです。シェンカーさんが誰に何を請求していくかを考えるときに、①シェンカーさんと観客、②シェンカーさんと主催者、③シェンカーさんと会場の運営会社という関係に整理することができます。そして、それぞれの関係について分析して考えていきます。

　実際の事件でも登場人物が沢山でてくることがあります。その場合に重要なのは、当事者になる可能性のある人を列挙した上で、それぞれの関係を切り分けて考えていくことです。この切り分けが理解を深めます。「分ける」ことが「わかる」ことにつながっていくのです。

　具体的には、想像力を働かせながら、事故が起きる前のそれぞれとの関係、事故に対する責任の有無、事故に対する責任の軽重だけではなく、回収可能性、損害賠償請求を行った場合の効果など、様々な要素をピックアップして検討していきます。

　そして、それらを「図」にまとめていきます。この図には１章のときにも説明したとおり、時間の流れも書き込んでいってください。①②③④……という記号をつけながら、実際におきた事実経緯を順に盛り込んでいくのです。物事には順序があります。原因があれば結果があります。すべてが因果の流れでつながっているのです。その原因と結果を順序立てて整理していくことによって、ケースの理解が深まりますし、解決のための方針が立てやすくなっていきます。

　この「図」の作成がトラブルや紛争を解決する際の設計図になる大切

図3-1　関係図

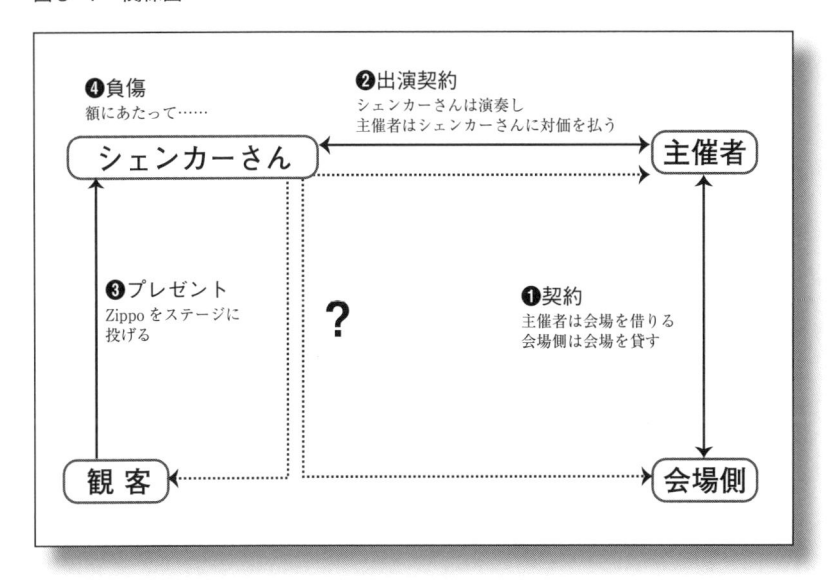

```
❹負傷                    ❷出演契約
額にあたって……            シェンカーさんは演奏し
                         主催者はシェンカーさんに対価を払う
[シェンカーさん] ─────────────────→ [主催者]

❸プレゼント         ?           ❶契約
Zippoをステージに                 主催者は会場を借りる
投げる                            会場側は会場を貸す

[観 客] ──────────────────→ [会場側]
```

な作業です。最初は慣れないかもしれませんが、何回か繰り返していくうちに、自然に身についてきますので、繰り返し作成してみてください。

　こうした習慣が、法律を学習する際や皆さまが身近なトラブルや紛争を解決しなければならない場面で効果を発揮してくるはずです。

③ シェンカーさんと観客

　さて、今回のケースを当事者ごとに切り分けて、それぞれの関係を順に検討していきましょう。

　まず思いつくのはシェンカーさんと観客の関係です。シェンカーさんの額にZippoを命中させたのは観客です。悪気が無かったとはいえ、金属製のZippoをステージに投げ入れれば、額に命中とまではいかなくても、誰かに命中する可能性があることは予想できます。金属製のZippoの標準的な重さは約55グラムです。中にはARMORというレギュラータイプの1.5倍の厚みで、重さも約70グラムという物騒なタイプも存在します。この相当の重量のある金属製の個体（＝Zippo）が

勢いよく、しかもシェンカーさんの演奏に合わせて加速度をつけてステージ上に投げ入れられることを考えると……想像しただけでゾッとしますね。Zippoがいつの間にか凶器と化すわけです。いや、投げ込まれたのがARMORタイプのZippoだったとすると、凶器というよりも、もはや兵器と言っても過言ではありません。そういった観点からすると、観客はシェンカーさんに対して何らかの償いをしなければならないように思えてきます。

ただ、現実的に観客に対して請求していくことは妥当ではないと考えます。何故でしょうか？

それは、観客はシェンカーさんのファンであり、シェンカーさんに喜んで貰いたくてZippoを投げているわけです。たしかに金属製のZippoライターを投げる行為自体は褒められたものではありませんし、危険性の高い行為です。ですが、観客には悪意はありません。シェンカーさんの額にたまたま命中してしまったのは運が悪かったとは言えますが、その責任を負担させるのは道義的な視点から考えると少し酷なように思えるからです。

国対私人の関係にある刑事事件では、勝手に当事者を選ぶことはできません。しかし、私人対私人の関係にある民事事件では、損害賠償等を請求する側で誰に何を請求するかを決定することができるのです。今回検討しているのは民事事件ですので、そのような観点から、誰が当事者として相応しいのかを考えていく姿勢が重要になってくるのです。

④ シェンカーさんと主催者

次に、シェンカーさんと主催者の関係です。主催者というのはイベントプロモーターだったり、イベント会社だったり、ライブを企画し、運営する人たちです。アーティストは主催者との間で出演契約を締結して、ライブを行います。アーティストの側では演奏を行い、主催者は観客にチケットを売ったお金の中から会場費や警備にかかる費用などを支払い、アーティストに出演料を支払うという内容です。契約の細かい内

容や対価の額などの詳細な条件は様々ですが、本質的な権利義務は、アーティストは演奏を行い、主催者はアーティストに対して対価を支払うというものです。

今回のシェンカーさんの額にZippoが命中した不慮の事故は、シェンカーさんと主催者との間の出演契約とは関係がないように思うかもしれませんが、そんなことはありません。

契約関係に入った当事者には「**安全配慮義務**」が課せられると考えられています。この安全配慮義務は法律で明確に規定されているわけではありませんが、これまでの裁判例の蓄積の中で認められてきた大切な義務です。「**安全配慮義務**」は「**ある法律関係に基づいて、特別な社会的接触関係に入った当事者間において、当該法律関係の付随義務として当事者の一方または双方が相手方に対してお互いの権利や利益を害さないように信義則上の義務を負う**」と説明されたりします。

その条文上の根拠は民法1条2項です。民法1条2項は「**権利の行使及び義務の履行は、信義に従い誠実に行わなければならない**」と規定しています。これが「**信義誠実の原則**」あるいは「**信義則**」と言われる概念です。この原則は私法の分野ではとても重要な概念です。お互いに相手の信頼を損なわないように誠実に権利を行使したり、義務を果たしたりしなければならないということが法律で明確に定められているわけです。

今回のケースでも、主催者には、出演契約の本質的義務のほかに、シェンカーさんが安全に、安心してパフォーマンスをすることができるように万全の体制を整える付随義務があったのです。すなわち、シェンカーさんと主催者の出演契約の本質的な内容は、シェンカーさんが演奏を行い、主催者が会場を借りたり、人を雇ってチケットを売ったりして、シェンカーさんに対価を支払うという関係です。

そして、そのような本質的な義務ではありませんが、あくまでそれを実効化するために本質的な義務に付随する義務として、主催者は、シェンカーさんが安全に、そして安心して演奏が行えるように十分に配慮する義務（安全配慮義務）も負うわけです。なぜなら「お互いに信義に

図3-2　信義誠実の原則

	4つの派生原則	意味
信義誠実の原則（民法1条2項）	禁反言の法則	自分の行為に矛盾した態度をとることは許されないという原則
	クリーンハンズの原則	自ら不法に関与した者には裁判所は救済を与えないという原則（例：民法708条）
	事情変更の原則	契約時の社会事情や契約の基礎となった事情に、その後著しい変化があり契約内容を維持し強制することが不当になった場合には、その後の事情の変化に応じて契約内容も変更されなければならないという原則
	権利失効の原則	権利者が信義に反して権利を長期間行使しないでいると、権利の行使が阻止されるという原則（例：消滅時効）

従って誠実に行動しないといけないから」ということです。

　たとえば、ステージと観客席との間に空間を設けたり、観客席からステージに物を投げ込まないように事前にアナウンスしたり、公演中でも物を投げようとする観客をみかけたら個別に注意してやめさせたりといったことをすべきだったのです。仮に主催者側がこのような配慮をしていなかったのであれば、主催者側にも一定の責任が認められるかもしれません。ですので、シェンカーさんとしては「主催者側は安全配慮義務を怠った」と主張して主催者側に被った損害の賠償を請求するという方法が考えられるわけです。

　読者の中には、建築現場で働いている方もいらっしゃるかもしれません。そこでは単に労働者が働いて使用者が給料を払うという本質的な雇用契約上の義務だけではなく、使用者側は労働者が安全に仕事できるように予見される事故を防止する策を講じたり環境を整えたりといった配慮をする義務があるのではないかと考えられています。今回のケースも同じようなイメージで理解してください。

なお、信義誠実の原則から幾つかの派生的な原則も導かれるといわれています。**図3-2（信義誠実の原則）**をご覧ください。いずれの原則も、これから勉強していくにあたって、大切な考え方ですので、この機会にマスターしていただければと思います。今はまだ「なるほど！　そのような考え方があるのか」という程度の認識で結構です。今すぐに何かに使うことはないと思いますが、法が大切にしているこれらの原則と同じ感覚を持てるかどうかが、日常生活の中でトラブルに巻き込まれないようにしたり、トラブルに巻き込まれても早期に妥当な解決ができるようにしたりするために必要なことなのです。

⑤ シェンカーさんと会場の運営会社

シェンカーさんは主催者から依頼を受けてライブパフォーマンスを行っていますので、会場の運営会社とは直接の契約関係にはありません。会場の運営会社と契約をしているのは主催者です。ですが、シェンカーさんからすれば、主催者に請求していく内容（柵があれば良かった、アナウンスをしてくれれば良かったなど）によっては、最終的な責任は会場の運営会社にもないわけではありません。そこで、シェンカーさんとしては、主催者だけではなく、会場の運営会社に対しても損害賠償を請求していくことができるのです。

詳しい請求内容はここでは説明しませんが、実際の裁判でも、原告が1人で、被告が2人といった場合もあるのです。その方が手続も一度で済みますし、同じ事件を対象とするわけですが、その方が真実に近づけたり、責任も明確になったりと、メリットがあるからです。

4 今回のケースで使用した法律

今回のケースでは民法1条を使用しました。私人対私人の権利の発生、移転、消滅などを規定する「**私法の一般法**」といわれるのが民法です。その民法の中でも最初にでてくる基本原則が民法1条です。そのた

め、民法 1 条には私法の根本的なルールが定められていると考えてください。法律の勉強に限ったことではありません。何事も基本や原則をしっかりと理解することが重要なのです。この機会にしっかりとマスターしていただければと思います。

●民法　第１条（基本原則）
1．私権は、公共の福祉に適合しなければならない。
2．権利の行使及び義務の履行は、信義に従い誠実に行わなければならない。
3．権利の濫用は、これを許さない。

---

5 まとめ　弁護士奥山倫行の「これで、サティスファクション」

　ロックの世界では、とかくライブ会場で物（ブツ）が飛び交いがちです。でも大切なのは「信義則」です。ファンとしても配慮と優しさが求められています。みんなが協力することによって、良いライブを更に一歩進めて最高のライブにすることができるのではないでしょうか。5名のバンドメンバーのライブであれば、6番目のメンバー、それが観客なのです。

　それにしても今回のケースは壮絶な事件でしたね。その場にいた観客も「まさかZippoがシェンカーさんの額に直撃するとは！？」と驚いたことと思います。でも目や鼻などの顔面に直撃して大事故にならずに本当に良かったと思います。一歩間違えるとかなりの重傷を負わせてしまいかねない危険な行為でした。

　今回のケースは観客に思いやりの気持ちが足りなかったのだと思います。たしかに熱狂と興奮の中で大好きなシェンカーさんにプレゼントをしたかったのかもしれませんし、その気持ちはわからなくはありません。でも、よりによって金属製のZippoはいかがなものでしょうか。ズッシリとした重量感があり過ぎるからです。重量感があればあるほど、相手に衝突したときの衝撃は強まるものです。Zippoが直撃して、楽屋に帰っ

てしまったシェンカーさんですが、きっと腹を立てたというより、痛くて、痛くて、楽屋に帰ったに違いありません。そして楽屋で「ドクター！ ドクター！ プリーズ」と叫んでいたとかいなかったとか……。

　また、主催者や会場の運営会社も、ライブ会場でZippoが飛び交うことは想定外だったと思いますが、Zippoに限らず何らかのブツが飛び交うことはある程度想定しておかなければならないことです。事前にステージにブツを投げてはいけないとか、プレゼントを渡してはいけないとか、注意事項をアナウンスしたり、途中で何かを投げようとする観客がいたら取り押さえたりと、もっともっと主催者や会場側にも思いやりの気持ちが足りなかったのかもしれません。

　みんなが思いやりの気持ちを持ち寄ってこその会場の一体感です。会場の一体感があって生まれるのがライブのグルーブ感です。最高のライブのためには、まずは、みんなが思いやりの気持ちを持ち寄ろうということです。

　そして、個人間でも会社間でも個人と会社の間でも私法の一般的原則である信義則を覚えてください。民法第1条第2項「権利の行使および義務の履行は、信義に従い誠実に行わなければならない」です。ここでもやはり大切なことは「皆が思いやりの気持ちを持って行動すること」なのです。

　同じ時代を生きているもの同士、それぞれの立場でお互いを思いやりながら社会生活を営んでいこうというルールが法律にもしっかりと定められています。法律というのは、人を罰するためにあるのではなく、みんながよりよい暮らしをするために作られた決まりごとです。思いやりの気持ちを持って信義則を胸にライブに参加すれば、ロックスターも主催者も会場の運営会社も観客もサティスファクションです。

おさらいポイント

① 「安全配慮義務」とは何でしょうか？
② 「信義則」とは何でしょうか？
③ 「私法の一般法」の「民法第1条」には何が定められていますか？

COLUMN ロックの玄人 河野吉伸の「この曲を聴け！」

今回のケースにぴったりくる曲は「ドクター・ドクター」しかないですね。この事件を知った時にまず頭の中で流れたのがこの曲でした（笑）。Zippoライターが額に当たったマイケル・シェンカーがバックステージで本当に叫んだかどうかは定かではありませんが……。

この曲が収録されているのは、マイケル・シェンカーが在籍していたUFOというバンドのアルバム「Phenomenon」（邦題：現象）です。マイケル・シェンカーの持つ類まれないメロディ・センスと、鋭角なギターサウンドがうまく取り込まれており、バンドの人気を一気にワールドワイドへと押し上げた名盤といえるでしょう。また、このアルバムには、ちょうどZippoライターが当たった時に演奏していた曲「ロック・ボトム」も収録されています。ハードロックファン必聴の一枚です。

- ●タイトル：「Phenomenon」（邦題：現象）
- ●アーティスト：UFO
- ●ジャンル：ハードロック
- ●リリース：1974年4月
- ●時間：39分
- ●レーベル：ＥＭＩミュージック・ジャパン
- ●曲目：下記に記載
1．オー・マイ
2．クリスタル・ライト
3．ドクター・ドクター
4．スペース・チャイルド
5．ロック・ボトム
6．トゥー・ヤング・トゥー・ノー
7．タイム・オン・マイ・ハンズ
8．ビルト・フォー・コンフォート
9．リップスティック・トレーシス
10．クイーン・オブ・ザ・ディープ

4 無責任男!? ロバート・プラント

債務不履行に基づく損害賠償請求（民法415条）Part1

ここがポイント

弁護士の仕事をしていると、世の中のトラブルや紛争の多くは約束違反が原因で生じていると感じますが、約束違反をしてしまった側にも言い分があることが殆どであるように思います。この章では、約束違反が法律の世界ではどう扱われるかを取り上げます。

1 当事者のプロフィール

今回取り上げるアーティストは、ロバート・プラント（Robert Anthony Plant：1948年8月20日生まれ。イギリス、ウェスト・ブロムウィッチ出身）さんです。

ロバート・プラントさんは、1970年代を代表するイギリスの世界的ロックバンド、レッド・ツェッペリンのヴォーカリストですね。ロバート・プラントさんはその華麗な美貌と長身、魅惑的な声、ステージパフォーマンスから、70年代を代表するセックスシンボルと称されました。

レッド・ツェッペリン解散後は精力的なソロ活動を行っており、近年では、2007年10月にブルーグラスシンガー、アリソン・クラウスとのコラボレーション・アルバム「Raising Sand」をリリースしました。同アルバムは2009年2月に行われた第51回グラミー賞で5部門ノミネートし、5部門全てで受賞するという快挙を成し遂げています。

2 ケース

今回のケースが起きたのは2007年12月10日のことです。ロンドンのO2アリーナで開催されたアトランティック・レコードの創始者、アーメット・アーティガンを追悼するチャリティライブにて、レッド・ツェッペリンは一夜限りの再結成を果たし、往年の名曲を演奏して大成功に終わりました。その勢いでワールドツアーに出るはずだったの

ですが、アリソン・クラウスさんとのワールドツアー中だったロバートさんは、メンバーに対し「これが終わるまで、ツェッペリンでツアーに出るのは待ってくれ」と言ってきました。しかし、ツアーが終わってもロバートさんがバンドに戻ってくる気配は一切ありません。一見、無責任な発言をしたと思われるロバートさんですが、果たしてロバートさんには法的な責任があるのでしょうか。イギリスが生んだ貴公子集団レッド・ツェッペリンのヴォーカル、ロバート・プラントが発した無責任な言葉でメンバーはおろかファンもがっかり。その顛末はどうなるのでしょうか。

3 ケースの分析と解説

　今回は大好きなレッド・ツェッペリンですね。力が入ります。さっそく、ロバートさんに責任があるのかについて検討していきましょう。

① 民事上の責任と刑事上の責任

　まず、法律上の「責任」という場合、**大きくわけて刑事上の「責任」（罪責）と民事上の「責任」があります**。今回は民事の事件ですので、刑事上の「責任」（罪責）ではなく、民事上の「責任」という観点からみていくことになります。

　皆さんも子供の頃から「約束は破っちゃいけません」と教わってきたと思います。法律の世界では「破っちゃいけない約束」のことを「債務」と表現します。そのため、「約束を破る」という事象について、日常生活の中では「ブッチする」「嘘っぱちをかます」「放ったらかしにしてトンズラする」「放置してドロンする」などと表現される場合もあると思いますが、いずれも法律上は「債務不履行」という言葉で表現されることになります。

　ですので、日常会話の中でも、「あの野郎、ブラザーである俺にシーメーおごるって言ったくせに、ブッチしやがって、クソ野郎！　債務不

履行だろ！」あるいは「あのお方、親友である私に夕食をご馳走するとおっしゃっていたのに、債務不履行ですわ。取るに足らない方ですわね」という表現になったりします。

　それ以外にも、たとえば、あなたが素敵なお相手とイギリスの港町「リバプール」に旅行に行く約束をしたとします。ところが、素敵なお相手はいつまでたっても成田空港に現れません。つまり、素敵なお相手が約束を破って来てくれなかった場合も、法律上は「素敵なお相手による債務不履行」という表現で説明されたりするわけです。

② 口約束でも契約が成立する？

　それでは、債務不履行が起きたらどうなるのでしょうか。約束をした側から見ると約束は「債務」としての側面がありますが、この「債務」は約束によって生じるわけです。**この約束をした側と約束をしてもらった側の当事者双方の合意によって成立します。この合意のことを「契約」**といいます。

　たとえば、AさんがBさんに「ギターを5万円で売ってあげる」と言いました。これに対して、BさんがAさんに「ギターを5万円で買うよ」と答えました。この受け答えによって、約束が成立することになります。この約束が「契約」です。この例のように物の売り買いに関する約束は「売買契約」といいます。

　よく勘違いしている方がいます。日ごろの法律相談の中でも「約束はしましたが、契約書はありませんので、契約は締結していません」と言う方がいますが、契約書が存在しなくても契約は成立します。契約書を作らなければ契約が成立しないというのは誤解です。**ただの口約束でも契約は成立します。**誤解していた方は日々暮らしの中で注意して過ごすようにしていただきたいと思います。

③ 約束（＝契約）を破ったらどうなるの？

　さて、それでは、約束（契約）を破ったらどうなるのでしょうか。約

束を破った場合には、民法415条という規定が適用されます。民法415条には「**債務者（約束をした人）がその債務の本旨に従った履行をしないときは、債権者（約束をしてもらった人）は、これによって生じた損害の賠償を請求することができる**」と規定されています。

まだタイムマシーンは開発されていませんので、債務者が約束を破った場合に、過去にさかのぼって約束を守らせることはできません。ですから、その代わりに生じた損害を金銭的に評価してそれを填補してもらって解決するということになるのです。

もう少し詳しく説明させていただきます。民法415条に基づいて損害賠償を請求するためには、①**当事者間に約束があったこと**、②**約束が破られたこと**、③**約束を破られた側に損害が発生したこと**、④**損害は約束を破られたことによって発生したものであること**といった要件を満たす必要があります。これらの要件が満たされれば、約束を破られた側から約束を破った側に対して損害賠償請求を行っていくことが可能になるのです。

図4　債務不履行に基づく損害賠償請求①

	要件
債務不履行に基づく損害賠償請求（民法415条）	①当事者間に約束があったこと
	②約束が破られたこと
	③約束が破られた側に損害が発生したこと
	④損害は約束を破られたことによって発生したものであること

	効果
債務不履行に基づく損害賠償請求（民法415条）	上記①〜④の要件が満たされれば、約束を破った人に対して発生した損害の賠償を請求することができる

4　無責任男!?　ロバート・プラント

④ 今回のケースの結論

それでは、今回のケースで考えてみましょう。

もしもロバートさんに責任があるなら、ツェッペリンのリーダーであるジミー・ペイジさんをはじめとするメンバーがロバートさんに「債務不履行」に基づく損害賠償請求を行い、ロバートさんはメンバーに金銭賠償を行わなければなりません。民法415条に基づく損害賠償請求が認められるかについて、上述した①から④の要件へのあてはめを行っていきます。

まず、**①当事者間に約束があったか**については、レッド・ツェッペリンのメンバーはワールドツアーに出るという約束をしていましたので、**要件①は満たされます**。

次に、**②約束が破られたか**が問題になりますが、ここは曖昧だと思います。たしかに、アリソン・クラウスさんとのワールドツアー中だったロバートさんは、メンバーに対し「これが終わるまで、ツェッペリンでツアーに出るのは待ってくれ」と言ったかもしれませんが、そもそもツェッペリンのワールドツアーの時期は明らかにされていません。ロバートさんだってツェッペリンでワールドツアーにでる気が満々だったのかもしれません。そうだとすればただタイミングが合わなかっただけなのです。そうだとすると、今回のケースでは必ずしも約束が破られたとまでは言えないかもしれないのです。ツェッペリンがワールドツアーにでる期限が**未到来の可能性がある**からです。

続いて、**③約束を破られた側に損害が生じたといえるか**ですが、もしワールドツアーにでる期限が決まっていた場合には、ロバートさんが約束を守らないことによって、他のメンバーには様々な損害が生じることが予想されます。具体的にはワールドツアーに出ることによって得られたであろう収入も損害になるでしょうし、ワールドツアーに出るために必要なものを揃えていたりすれば、それらの購入代金も損害になる可能性があります。でも、今回のケースでは必ずしもツェッペリンでワールドツアーにでる期限が到来していない可能性があるわけですから、**損害**

も具体化していない可能性があるのです。

　最後に、④損害は約束を破られたことによって発生したものでなければなりません。これを債務不履行と発生した損害に因果関係がなければならないのです。ロバートさんの債務不履行によって生じた損害だけが損害賠償の対象になるわけです。したがって、ロバートさんが約束を破ったこととは関係のない損害が発生していたとしても、それは損害賠償の対象にはなりません。

　いかがでしょうか。以上を前提に考えると、今回のケースに関する記録上は明らかではありませんが、レッド・ツェッペリン内でワールドツアーに出る時期についての合意があったか否かが、ロバートさんに責任が生じるかどうかを判断するにあたっての重要なポイントになるのです。

⑤ 仮にロバートさんに債務不履行があった場合にはどうなるの？

　仮に、ツェッペリンでワールドツアーにでる時期の約束がありロバートさんがそれを破ったと認められる場合、すなわち、ロバートさんに債務不履行があった場合には、ロバートさんに対してメンバーからの損害賠償請求がなされることになります。この場合にはロバートさんをどのように弁護すれば良いのでしょうか。

　この場合には、**請求される損害賠償金の額をできるだけ少なくする方向で弁護活動をしたいところ**です。そのためには、ロックの要素も加味して、もう1歩踏み込んだ検討を行うことが必要になります。この辺りが弁護士としての腕の見せ所ということになってきます。

　そもそも、ロバートさんは、ツェッペリンのリーダーであるジミー・ペイジさんに見いだされてツェッペリンのメンバーになったという経緯があります。つまり「雇われている立場」といえるかもしれません。ロバートさんとジミー・ペイジさんとの間には雇用契約とまではいえなくとも、雇用契約類似の主従関係があったという理解もできなくはありません。いわば、**ジミー・ペイジさんが上司で、ロバートさんが部下と**

いう関係とでもいいましょうか。そのような力関係を勘ぐらせるのがツェッペリンというロックバンドの奥深さです。

　長い歴史のあるバンド活動の中で、ロバートさんにしてみれば、「バンドの主役はメインヴォーカルであるはずなのに、うちのバンドではギタリストが注目されちゃって……」「メインヴォーカルよりもギタリストの方が評価されるなんて……」と我慢していた場面も多かったかもしれません。ロバートさんが「Whole Lotta Love（邦題：胸いっぱいの愛を）」を熱唱している最中でも、負い目や引け目を感じながらメインヴォーカルを務めてきたのかもしれません。もっと言えば、ロバートさんのトレードマークの女性物のシャツだって、ジミー・ペイジさんらの指示により嫌々着用させられていた可能性も否定できないのです。ロバートさんはこれまでバンドのために耐え忍んできた部分も多いのではないかと思えてきませんか。そんな風に考えると、一概に、全ての損害をロバートさんに請求しなくても、良いのではないでしょうか。レッドツェッペリンでツアーをやりたくないもっともな理由があるかもしれないわけです。折しもロバートさんがアリソン・クラウスさんとコラボしたアルバムが世間的に高評価を収めている時期だったわけですし……。

　現実の法廷で裁かれるのは「約束を破ったか破っていないか」という内容です。でも一見「約束を破ったか破っていないか」とは関係のないような間接事実を主張しつつ、裁判官の心を動かしたり、相手の心を動かしたりすることを狙いながら、ロック的な要素（実情）を加味した主張をしつつ、何とか寝技で和解に持ち込みたいという戦略もあり得るところです。今回のケースでは、まさにそのあたりを狙って、あるべき解決に導いていければと思っています。

4 今回のケースで使用した法律

　今回は債務不履行に基づく損害賠償に関する民法415条を取り上げました。ロックの世界ではどうしても約束違反の話がつきまといます。そ

のため、この条文は弁護士の実務でも裁判の中でもロック裁判所でも本当によく登場する条文です。この機会にしっかりとマスターしておいてください。

> ●民法第415条（債務不履行による損害賠償）
> 債務者がその債務の本旨に従った履行をしないときは、債権者は、これによって生じた損害の賠償を請求することができる。債務者の責めに帰すべき事由によって履行をすることができなくなったときも、同様とする。

5 まとめ 弁護士奥山倫行の「これで、サティスファクション」

　約束を守ることは大切です。約束は法律上「契約」という言葉で置き換えられます。契約には権利も義務も発生しますが、契約を破ってしまうと債務不履行に基づく損害賠償請求（民法415条）を受けることになりかねません。約束を守ることは、私たちが安全・安心に暮らしていくためにはとても大切なことなのです。

　しかしながら、ロックの世界では、とかく約束が破られがちです。でも、ロックの世界以外の日々の暮らしの中でも、どうしても約束を破らざるを得ないような状況ってありませんか？

　私自身も経験があります。たしかに、飲みに行く約束をしていたけど、どうしても急ぎの予定が入ってしまって飲みの予定をキャンセルしなければならないなんてことはザラにあるものです。また、同窓会に顔を出すと言っておきながら同窓会に1秒も顔を出せないことだってあるものです。さらには、職場のメンバーを「事務所旅行に連れていく！」と宣言して拍手喝さいを浴びておきながら、数年間たった今になっても企画を実現していないなんてことだって生じ得ます。このようなことは社会人として生きている以上は不可避的に発生する事態なのです。なぜなら、社会人はいつだって外面（そとづら）は良くありたい一方で、実際には忙しく過ごしている生き物だからです。社会人として日々過ごしている以上

は、どうしても約束を守れない事態は不可避的に発生してしまうわけです。

そのようなときに大事になってくるのが「事前の根回し」です。「事前の根回し」という言葉を耳にしたことがある方は多いのではないでしょうか。どんな場面だって同じだと思います。事前にしっかりと事情を説明した上で話し合いをしておけば、相手もわかってくれるものです。同窓会や飲みに行く約束をしていたけど行けなくなった場面ではやはり事前に電話で謝罪を伝えるべきなのだと思いますし、事務所旅行を実現できない場合でも、事務所に置くお菓子の量や種類を増やすなど、できることはあるのです。このことは、ロックの世界だって、我々の日々の暮らしでも同じことなのです。事前にしっかりと事情を説明して理解を得られるように誠意を込めて謝罪をすることが大切なのだと思います。

このような「事前の根回し」ができれば、バンド内で揉めることもありませんし、ファンの期待を裏切ることもありません。この「事前の根回し」ですが、要はコミュニケーションの基本なのです。弁護士の仕事をしていると、多くのケースで「もう少しコミュニケーションがとれていれば、大きな問題にならずに済んだのになあ」とか「明らかにコミュニケーション不足が原因だな……」と感じます。紛争やトラブルケースの原因の多くは「コミュニケーション不足」なのです。そして「事前の根回し」はコミュニケーション不足を解消するために最適な潤滑油の1つです。せっかくの機会ですので、今一度、自分の周りにコミュニケーション不足が存在しないかをチェックしていただき、コミュニケーション不足がある場合には、コミュニケーションを増やすようにしていただきたいと思います。

また、何事にも原因があり、結果があります。約束を破ってしまうことには原因があるわけです。今回のケースでも、仮にロバートさんに債務不履行があったとしても、今一度、債務不履行に陥った原因を考えてみることが必要になります。つまり、ロバートさんに無責任な発言をさ

せてしまった過去の原因があるはずなのです。現時点において約束が破られてしまったことが事実だとしても、約束を破ったことには理由があるのです。〇か×かの択一的な結論の出し方ではなく、理由や原因を考慮した上で柔軟に解決の方法を探るという姿勢も大切なのだと感じます。世の中では、どうしても「約束を破った人が悪い」ということになりますが、一瞬でも「約束を破られた側にも原因があるかもしれない」と考えてみて欲しいと思います。そのように考えると、自然と解決が近づくものなのです。一人ひとりがこのような考えを持つことができれば、この世の中の多くの紛争やトラブルケースの数は大きく減少することになるのではないかと考えています。

そして、最後になりますが、ファンとしては、是非、レッド・ツェッペリンに再結成していただき、ワールドツアーを行って欲しいですね。だから、メンバーには是非そういったことも含めて和解して欲しいわけです。どうせなら「ワールドツアーをいつからはじめるか」ということも和解の文言に盛り込んで欲しいものです。ワールドツアーの際には特に日本には力を入れて欲しいですね。私の住む札幌は海産物をはじめとして美味しい食べ物の宝庫ですので、是非立ち寄って頂きたいと思いますね。

そんな私たちにとっては夢のような約束（債務）を取り付けての和解……想像するだけでワクワクしますね。そうなれば、私も含めて社会人全員がサティスファクションです。

☞ **おさらいポイント**
① 「契約」はどうしたら成立しますか？
② 約束（＝契約）を破ったらどうなりますか？
③ 「債務不履行に基づく損害賠償」ができる場合はどのような場合でしょうか？

COLUMN ロックの玄人 河野吉伸の「この曲を聴け!」

　今回ご紹介したいアルバムは、ロバート・プラントとブルーグラスミュージシャンのアリソン・クラウスとのコラボレーション・アルバム「レイジング・サンド」です。第51回グラミー賞で、主要5部門の「レコード・オブ・ジ・イヤー」ならびに「アルバム・オブ・ジ・イヤー」を始め、5部門全てで受賞したという作品です。このアルバムにともなったワールドツアーが行われたために、レッド・ツェッペリンがリユニオンツアーに出られなかった要因のひとつとされる作品でもあります。その中に収録されている曲「ゴーン・ゴーン・ゴーン」は、1964年に発売されたエヴァリー・ブラザーズの曲のカバーです。レッド・ツェッペリン時代とはひと味違うボーカルスタイルで「君の前から跡形もなく去っていくのさ……」と歌うロバート。ある意味、ジミー・ペイジに向けた「レッド・ツェッペリンに対して決別する」メッセージソングのようですね。

●タイトル：レイジング・サンド
●アーティスト：ロバート・プラント&アリソン・クラウス
●ジャンル：ロック／ブルーグラス
●リリース：2007年11月7日
●時間：57分
●レーベル：ユニバーサル・ミュージック・クラシック
●曲目：下記に記載
 1. リッチ・ウーマン　　　　 2. キリング・ザ・ブルース
 3. シスター・ロゼッタ・ゴーズ・ビフォア・アス
 4. ポリー・カム・ホーム　　 5. ゴーン・ゴーン・ゴーン
 6. スルー・ザ・モーニング、スルー・ザ・ナイト
 7. プリーズ・リード・ザ・レター　8. トランプルド・ローズ
 9. フォーチュン・テラー
 10. スティック・ウィズ・ミー・ベイビー
 11. ナッシン　　 12. レット・ユア・ロス・ビー・ユア・レッスン
 13. ユア・ロング・ジャーニー

5 ミステリアスなドラマーとして採用されたコープランド

債務不履行に基づく損害賠償請求（民法415条）Part2

ここがポイント

前章の話で約束違反についてのイメージは持って頂けたのではないでしょうか。この章では、さらに踏み込んで、約束違反が生じるための法律要件（成立する条件）や、法律効果（請求内容等）について学んでいきましょう。

1 当事者のプロフィール

今回の当事者はスチュワート・コープランド（Stewart Armstrong Copeland：1952年7月16日生まれ。アメリカ合衆国、バージニア州出身）さんです。

コープランドさんは、1977年にイギリスで結成され、1970年代から1980年代にかけて大活躍したThe Policeのドラマーですね。ポリスのリーダー的存在で、民族音楽などからも影響を受けた独特のリズム感で、レッド・ホット・チリ・ペッパーズのチャド・スミスさんなど多くの一流ミュージシャンからも絶賛されています。玄人好みのドラマーと評されることもあります。

2 ケース

2002年、The Doorsが、The Doors 21st Century（21世紀のドアーズ、現在はライダーズ・オン・ザ・ストームに改名）というバンド名で再結成されたときに、コープランドさんはドラマーとして呼ばれました。

コープランドさんは、レコーディングやツアーにも参加して、メンバーとして活動していました。ところが、コープランドさんは、2003年に突然、別のドラマーと交代させられてしまったのです。理由は、「ドアーズはミステリアスなバンド。でも、彼のドラムプレイは慌ただしくてミステリアスではない」というものでした。これに対して、コー

プランドさんは契約違反であると主張して100万ドルの損害賠償を請求しました。コープランドさんの請求は認められるのでしょうか。

3 ケースの分析と解説

① 契約とは？

　コープランドさんは契約違反に基づいて損害賠償を請求しています。契約違反という言葉が使われていますが、**そもそも契約とは何でしょうか**。前回のケースで、契約は約束だと説明しましたが、今回はさらに一歩踏み込んで説明させていただきます。

　教科書には契約について「**相対立する意思表示の合致によって成立する法律行為**」と定義されていたりしますが、要は2人以上の当事者で締結される法律上の拘束力を持つ合意のことです。**法律行為には、①単独行為、②契約、③合同行為**の3種類がありますが、契約はそのうちの1つに分類されます。

　法律的に考えると難しく感じるかもしれませんが、契約は日々の暮らしの中に溢れています。たとえば、あなたがコンビニでガムを1つ買う場面を想像してみてください。好きなガムを選んで、店員に渡して、お金を払ってガムをもらいます。これを売買契約といいます。Aさんが「このガムを100円で買います」とBさんに申込み、Bさんが「このガムを100円で売ります」とAさんに承諾して成立するのが売買契約です。

　この売買契約に基づいて、AさんはBさんに100円を支払わなければならなくなりますし（法律的には「債務」といいます）、BさんはAさんにガムを引き渡さなければならなくなります（やはり法律的には「債務」といいます）。AさんとBさんそれぞれが相手に債務を負うことになるのです。

図5-1　法律行為

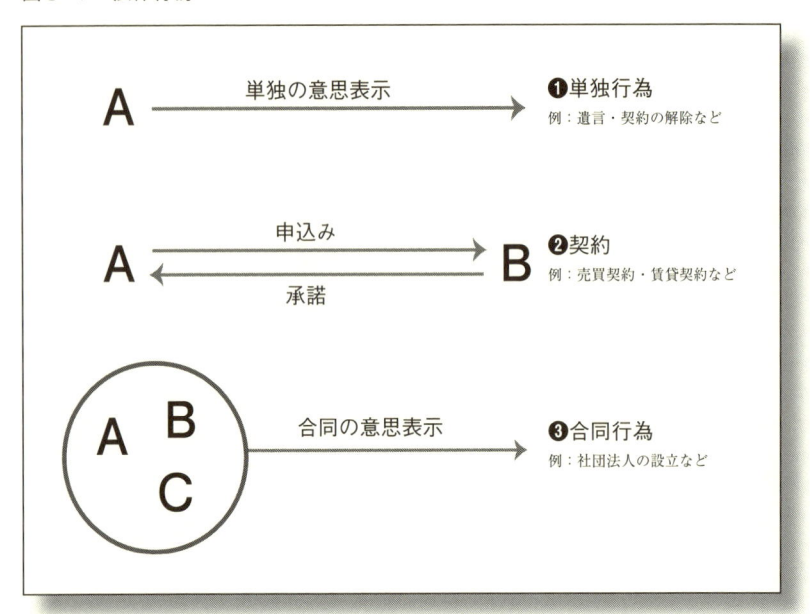

```
A ──単独の意思表示──→  ❶単独行為
                        例：遺言・契約の解除など

A ──申込み──→ B         ❷契約
  ←──承諾──              例：売買契約・賃貸契約など

(A B C) ──合同の意思表示──→ ❸合同行為
                            例：社団法人の設立など
```

図5-2　契約

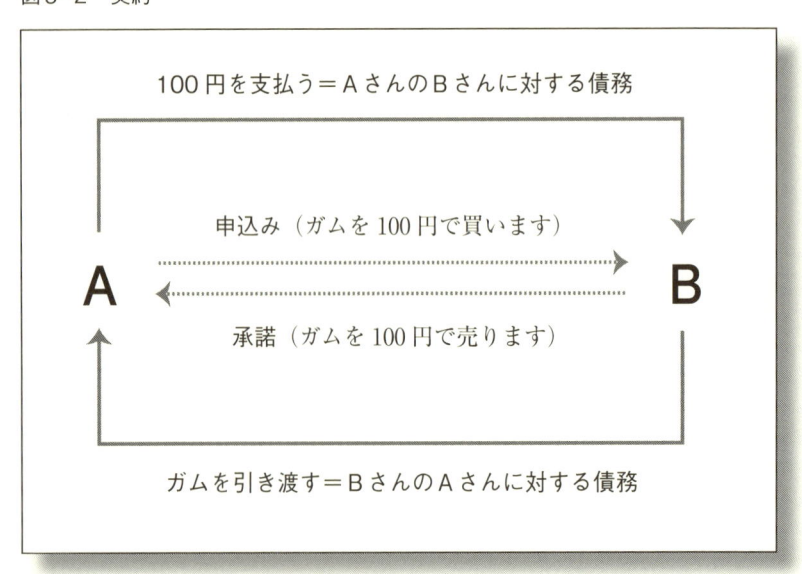

```
        100円を支払う＝AさんのBさんに対する債務
      ┌─────────────────────────────────┐
      │                                   ↓
      │   申込み（ガムを100円で買います）
   A  │  ·································→  B
      ↑   承諾（ガムを100円で売ります）
      │  ←·································
      │                                   │
      └─────────────────────────────────┘
        ガムを引き渡す＝BさんのAさんに対する債務
```

② 約束違反のペナルティ

～債務不履行とは？～

　AさんがBさんに100円を支払った状態をAさんが「債務を履行した」といいます。逆にAさんがBさんに100円を支払わなかった状態をAさんが「債務を履行しなかった」といいます。このAさんが債務を履行しなかった状態を「債務不履行」といいます。Bさんはガムを渡したにも関わらず、Aさんからお金を貰えないことになりガムを万引きされたのと同じような状態になるわけです。

　BさんがAさんにガムを引き渡した状態をBさんが「債務を履行した」といいます。逆にBさんがAさんにガムを引き渡さなかった状態をBさんが「債務を履行しなかった」といいます。このBさんが債務を履行しなかった状態を「債務不履行」といいます。Aさんはお金を払ったにも関わらず、Bさんからガムを貰えないことになり、お金の払い損です。

図5-3　債務不履行

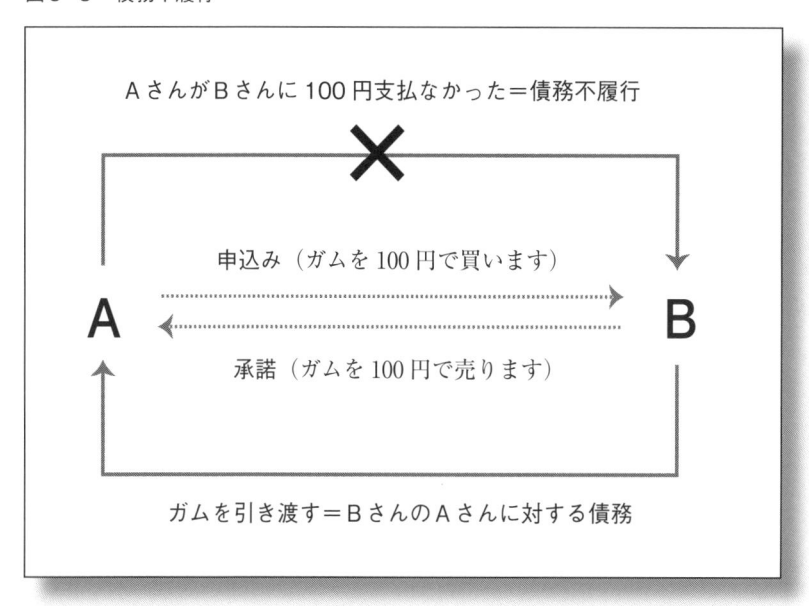

当事者の一方に債務不履行があると相手は困ります。この「困った」という状態が「損害が生じた」とお考えください。前者の例では、AさんにはBさんに支払ったガムの代金100円の損害が生じていますし、後者の例では、BさんにはAさんにガムを渡したにも関わらずガムの代金100円を貰えなかったという損害が生じています。

③ ペナルティの内容は？
〜債務履行に基づく損害賠償とは？〜

　そこで、当事者の一方に債務不履行があった場合に、損害を被った当事者が相手に対して損害の賠償を請求するのが、債務不履行に基づく損害賠償請求という制度です。

　この債務不履行に基づく損害賠償請求はどのような場合に認められるのでしょうか。以前にも紹介しましたが、民法415条にそのルールが定められています。民法415条は**「債務者がその債務の本旨に従った履行をしないときは、債権者は、これによって生じた損害の賠償を請求することができる。債務者の責めに帰すべき事由によって履行をすることができなくなったときも、同様とする」**と規定しています。

　今回のケースで問題になるのは、この「債務の本旨」が何だったのかということです。「債務者」とは約束した人です。「債務の本旨」とは約束した内容です。「履行をしない」とは約束した内容のことを行わないということです。つまり約束を破られた人は、約束を破った人に対して、それによって生じた損害の賠償を請求することができるということが、民法415条に定められているのです。

　これを今回のケースにあてはめてみましょう。「一緒にバンド活動をする」というのは約束です。そして、コープランドさんは、一緒にバンド活動をするという約束を、ドアーズサイドから一方的に破棄され、多大なる経済的損失と精神的苦痛を被っているわけです。しかも今回のケースでは、ドアーズサイドからコープランドさんが契約を破棄された理由が「ドアーズはミステリアスなバンド。でも、彼のドラムプレイは

慌ただしくてミステリアスではない」という驚きの内容です。「ミステリアスではない」というのはどういう状態なのでしょうか。仮に、ドアーズとコープランドさんの契約書のドラマーの採用条件に「ミステリアスであること」といった規定が入っていたとしても、コープランドさんがミステリアスかどうかの判断は分かれるところです。見方を変えればコープランドさんだって十分ミステリアスだったりするわけです。そもそも、コープランドさんのドラムプレイはカチッとしたリズムを刻むタイプです。コープランドさんの実績だって十分です。当然バンド側もコープランドさんの実績を勘案した上でドラマーとして迎え入れていたはずなのです。それにもかかわらず、「ミステリアスではない」という曖昧な理由で「一緒にバンド活動をする」という約束を破られてしまうのであれば、コープランドさんが納得できるはずはありません。そのため、コープランドさんがバンド側に対して債務不履行に基づく損害賠償請求を行っていくことになるわけです。

図5-4 債務不履行に基づく損害賠償請求②

	要件
債務不履行に基づく損害賠償請求（民法415条）	①当事者間に約束があったこと（今回問題になる要件）
	②約束が破られたこと
	③約束が破られた側に損害が発生したこと
	④損害は約束を破られたことによって発生したものであること（今回問題になる要件）

	効果
債務不履行に基づく損害賠償請求（民法415条）	上記①〜④の要件が満たされれば、約束を破った人に対して発生した損害の賠償を請求することができる

④ 被害弁償して欲しいけど中身は？
～*請求する損害についての考え方*～

　それでは、コープランドさんがバンド側に賠償を請求する「損害」としてはどのようなものが考えられるのでしょうか。

　先ほどの図5−3（債務不履行）をご覧下さい。このケースのように、AさんがBさんにガムの代金の100円を支払わなかった場合であれば、Bさんの損害はガム代金100円になることはご理解いただけると思います。

　今回のケースではどうでしょうか。コープランドさんはバンドに対して経済的損害と精神的損害として100万ドルの損害を請求しています。その内訳は明らかではありませんが、たとえば、仮にコープランドさんがバンド活動を行っていれば将来得ることのできた利益が経済的損害として含まれていると思いますし、「ミステリアスではない」という意味不明な理由で契約を破棄されたことに伴ってコープランドさんが被った精神的苦痛も精神的損害として含まれていると思います。法律実務上はこの「損害」をどのように算定するかについては手元に用意できる**立証資料と照らし合わせながら、慎重に算定していく**ことになります。今回のケースではコープランドさん抜きでツアーが行われて、バンドは相当の利益を得ていると思います。そのため、ひょっとするとコープランドさんは100万ドル以上の損害を請求できる可能性もあるかもしれません。そのような場合には、訴訟の途中で損害額を拡張して、追加の請求を行っていくことも検討していくことになります。

4 今回のケースで使用した法律

　今回のケースも前回のケースに引き続き、債務不履行に基づく損害賠償に関する**民法415条を取り上げました。この条文は現実社会の中でも、ロック裁判所の中でもよく登場する条文**ですので、改めて、この機会にしっかりとマスターしておいてください。

> ●民法第415条（債務不履行による損害賠償）
> 債務者がその債務の本旨に従った履行をしないときは、債権者は、これによって生じた損害の賠償を請求することができる。債務者の責めに帰すべき事由によって履行をすることができなくなったときも、同様とする。

5 まとめ 弁護士奥山倫行の「これで、サティスファクション」

　今回は、契約、債務不履行、損害について説明させていただきました。**日々の暮らしは契約の連続です**。コンビニで商品を買うのも契約です。食事に行ったりデートに行ったりする約束も契約です。よく誤解されている人も多いのですが、これらの契約には「契約書」は必要ありません。契約書が存在しなくても、口約束でも契約は成立するのです。

　そして、契約が成立した以上は、約束をした当事者は相手との約束を守らなければなりません。食事に行く約束をした場合には食事に行かなければいけませんし、デートに行く約束をした場合にはデートに行かなければなりません。それにも関わらず、食事に行かなかったり、デートの約束をすっぽかしたりしてしまうと、債務不履行という状態になり、約束を破った当事者は相手から損害賠償請求を受ける可能性があるのです。約束は守らなければならないのです。

　バンド活動についても同じです。バンドに加入して一緒に活動するというのも契約なのです。バンドが「加入してくれ」と言い（申込み）、加入する人が「加入する」と言えば（承諾）、契約が成立します。「契約書」は必要ありません。口約束でも契約が成立しています。さらに、バンドのメンバー間で新メンバー加入後の活動内容を取り決めた場合には、メンバーはそれを守る義務を負担することになります。そして、メンバーがメンバー間の約束を守らなければ債務不履行になり他のメンバーに対して損害賠償を行わなければならない義務を負うことになります。このように、バンドの結成、バンドメンバーの交代、楽曲の練習、

ツアーやライブ、バンドの販促品の販売、バンドでライブ後にみんなで打ち上げに行く約束、これらバンドの全ての活動はメンバー間の契約に基づいています。いわばバンド活動は「契約関係の縮図」です。バンドの全ての活動には契約が絡んでいるのです。そのため、バンドメンバーはまずは自分が契約の当事者であることを十分に理解していただき、日々のバンド活動に専念していただきたいと思います。

　このような意識の欠如がバンド活動の足かせになっている場合が多いものです。たとえば、「今日は9時からスタジオに入って練習するって言ったのに、自分だけバイトの予定いれてんじゃねーよ！」とか、「あれ？　お前、今日のリハーサルまでにこの曲を弾けるようになってくるって言ったのに、全然ダメ！　ダメダメじゃん！」「いい加減この間貸したCD返せよ！」とか、「ライブ終わったらとことん飲もうっていったじゃん……」とか、バンド活動における債務不履行の例は枚挙に暇がありません。このような不幸な事態を避けるためにも、まずはバンドメンバー同士の間で様々な事柄について契約が成立していることを意識していただきたいと思います。

　それにしても……繰り返しになって恐縮ですが、**今回のケースでコープランドさんが交代させられた理由がロックならでは**ですよね。コープランドさんがどんなドラマーかはポリスでの活躍で世界的にも知られているところです。それはドアーズのメンバーも十分に認識していたはずです。それなのに、バンドから突然「カラーが違う」と言われたって、コープランドさんにしてみると、「今さら感」があり過ぎますよね。しかも、実際の裁判では、コープランドさんが「俺だってミステリアスだろ！」と主張し、バンド側が「ミステリアスの意味が違う！」と反論し、ということを想像すると、それこそが相当「ミステリアス」な法廷になりますね。

　それにしても、今回のケースの発端となった「今さら感」ですが、**この「今さら感」が曲者**です。弁護士として仕事をしていると「今さら感」がある出来事が世の中の紛争の火種になっていることが多いよ

うに思います。「ずっと請求されないし、ただで自転車を貸してくれたと思っていたのに……」とか、「ずっと返せって言われないから、このCDはくれたと思っていた……」とか、「今さら俺の収入じゃ満足できないって言ったって……」とか、「今さら感」に基づくトラブルや紛争が日々生じています。是非、読者の皆さまも「今さら感」に基づくトラブルや紛争が生じないように気をつけて過ごしていただきたいと思います。

　ロックの世界では、とかくバンドのメンバーチェンジがありがちです。今回のケースが裁判にまで発展してしまったのは、メンバーチェンジの理由に「今さら感」があったからではないかと思います。メンバーの入れ替えに際しては、「今さら感」とは別の理由をしっかりと伝えて、誠意を持って話し合いをすることが重要です。お互い納得した上でのメンバー交代なら、バンド活動もサウンドも、全てがサティスファクションです。

☞ おさらいポイント
① 「債務」とは何でしょうか？
② 「債務不履行」とは何でしょうか？
③ 「損害が生じた状態」とはどのような状態でしょうか？

COLUMN ロックの玄人 河野吉伸の「この曲を聴け！」

　今回のケースにぴったりくる曲は、スチュワート・コープランドが在籍していたバンド、ザ・ポリスの曲「ソー・ロンリー」です。「ドアーズはミステリアスなバンド。でも彼（スチュワート・コープランド）のドラムプレイは慌ただしくて、ミステリアスではない」と言われ、一方的に解雇された時のスチュワートの気持ちを代弁しているかのような名曲です。

　この曲が収録されているアルバム「アウトランドス・ダムール」は、1978年に発売された記念すべきザ・ポリスのデビューアルバムでもあります。このアルバムは「ロクサーヌ」や「キャント・スタンド・ルージング・ユー」などといったヒット曲も収録されており、10日間でかつ1500ポンド未満で制作されたとは思えない作品です。ロックファンには必聴の一枚です。

- ●タイトル：アウトランドス・ダムール
- ●アーティスト：ザ・ポリス
- ●ジャンル：ロック
- ●リリース：1978年11月2日
- ●時間：38分
- ●レーベル：ユニバーサル・インターナショナル
- ●曲目：下記に記載
 1. ネクスト・トゥ・ユー
 2. ソー・ロンリー
 3. ロクサーヌ
 4. ホール・イン・マイ・ライフ
 5. ピーナッツ
 6. キャント・スタンド・ルージング・ユー
 7. トゥルース・ヒッツ・エヴリバディ
 8. 俺達の世界
 9. サリーは恋人
 10. マソコ・タンガ

6 ゲット・アップ・アンド・ジャンプしたレッチリなのにチリなのに

債務不履行に基づく損害賠償請求（民法415条）Part3

ここがポイント

私の大好きなギタリスト、キース・リチャーズに「早弾きより、もっとコードを覚えたらどうなんだ。基礎をやれ！」という名言があります。今一度、法律的な「手さばき」と重要な「債務不履行」を復習しましょう。

1 当事者のプロフィール

今回の当事者はレッド・ホット・チリ・ペッパーズ（Red Hot Chili Peppers：ロックバンド）さんです。

レッド・ホット・チリ・ペッパーズさんは、1983年に結成されたアメリカ・カリフォルニア出身のバンドです。日本でも「レッチリ」という愛称でなじみの深いバンドです。彼らのサウンドは、ファンクとヒップホップをパンク・ロック、ハードロック等と上手く混ぜ合わせていて、ミクスチャー・ロックと呼ばれています。

2 ケース

1997年7月に開催された記念すべき第1回フジロックフェスティバルにメインアクトとして呼ばれたレッチリさん。しかしこの時、ヴォーカルのアンソニーは腕を骨折した状態でした。しかも、運が悪いことに、台風が直撃していました。レッチリさんのメンバーは露骨にやる気のない様子で、**結局ライブはたった30分で終了**。ボルテージの上がりきったテンションでレッチリさんのライブを待っていたファンは、それはもうみんながっかりしてしまったのでした。ファンが楽しみにしていたレッチリのライブ。だけどステージ上でのレッチリのテンションは下がりっぱなし……。楽しみにしていたファンの気持ちはどうなってしまうのでしょうか。

3 ケースの分析と解説

① ケースの整理

　この本の読者の中にも第1回フジロックフェスティバルに参加した方はいらっしゃるのではないでしょうか。そうです、山梨県富士天神山スキー場で1997年に開催されたあのサバイバルイベントです。今でこそロックフェスというと、アウトドアの装備万全で参加される方が多いと思いますが、当時はまだロックフェスへの備えが不十分で、雨や寒さに対する対策や心構えが殆どできていませんでした。そのため、1日目の台風直撃による豪雨により、参加者の体力と気力は失われていき、2日目も中止になったといいます。夏なので薄着で参加したり、普通に街のライブハウスに行くような格好で参加したりする人が多く、とんでもないことになったということを聞いています。私自身はアルバイトがあって参加できませんでしたが、後日、参加した友人から当日の想像を絶する惨状を聞くにつれ、アルバイトで参加できなかった自分とバイト先に「Good Job！」と言った記憶がありますね。

　さて、話を元に戻します。その第1回フジロックフェスティバルに参加された方の中にはレッチリさんの演奏も記憶に残っている方も多いかもしれません。今でも語り草になる伝説のステージです。今回はその伝説のステージに関する話です。

　今回のケースはこれまでの復習になります。ケースの整理と検討の仕方、請求の立て方、債務不履行に基づく損害賠償請求の考え方について、改めておさらいをしていきましょう。これまでの回をしっかりとマスターしていれば知識としては十分です。これまで学んだ知識を基にして自分の頭で考えていく訓練をしてください。この訓練を行うことで、日ごろ起きるトラブルや紛争を自力で正しく解決していくための基礎的な力がつきます。基本を理解したらあとは反復です。物事の習得は何事も同じですね。

　それでは順番に検討していきましょう。

今回のケースで使う法律は何でしょうか。今回のケースも「債務不履行に基づく損害賠償請求」の話になります。若干、問題がミクスチャーしてしまいがちなので、整理しながら進めていきましょう。

まず、**ケースを目にした際に最初に行わなければならないことは何でしょうか。**そうですね。**登場人物を整理することです。**

今回のケースの登場人物は誰でしょうか。登場人物を列挙してみてください。そうです。登場人物としては、レッチリさん、観客、主催者が考えられますね。それ以外にも関係しそうな人はいますが、主要な3者について検討していきます。まずは登場人物を整理することがケースの検討やケース分析の定石なのです。

次に、**誰が誰に何を請求できるかを考えていきます。**ここで、当事者の仕分けを行います。考えられる組み合わせを全て列挙するわけです。当事者の仕分けと言われてもピンとこない方もいるかもしれません。人の思考過程は様々ですが、日頃から整理することが好きな人は当事者の仕分けが得意なはずです。仕分けではなく常に全体から考えるような人は、当事者の仕分けを行うことは苦手かもしれません。ですが、混沌と

図6-1　関係図

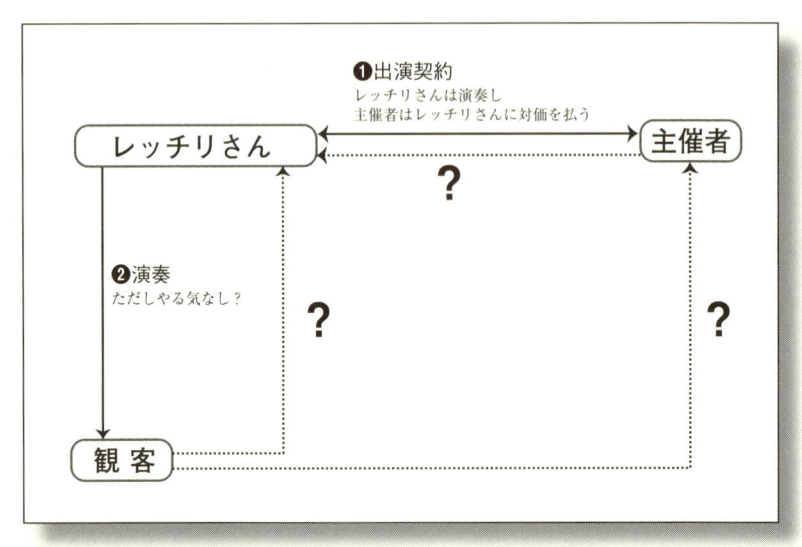

```
                    ❶出演契約
                    レッチリさんは演奏し
                    主催者はレッチリさんに対価を払う
 ┌──────────┐                              ┌──────┐
 │レッチリさん│ ←─────── ? ─────────→ │主催者│
 └──────────┘                              └──────┘
       ↑                                        ↑
   ❷演奏                                       
   ただしやる気なし?                            
       │            ?                    ?     │
       ↓                                        ↓
 ┌──────┐                                ┌──────┐
 │観　客│ ←───────────────────────→ │      │
 └──────┘
```

した状態を解決していくにあたり当事者の仕分けは不可欠です。当事者の仕分けが得意な人も不得意な人も、それぞれ当事者の仕分けをしてみてください。

当事者の仕分けはどうなりましたか。今回のケースでは、①観客とレッチリさんの関係、②観客と主催者の関係、③主催者とレッチリさんの３つの関係に分けられますね。

当事者の仕分けを行った後に、いよいよ個別の法律関係を検討していく段階に入ります。それでは、それぞれの関係を順番に見ていきましょう。

② 観客とレッチリさんの関係

まず、観客とレッチリさんの関係についてですが、観客が「レッチリふざけるな！」と怒ったとしても、**観客とレッチリさんとの間には契約関係がありません**ので、債務不履行に基づく損害賠償請求をするわけにはいきません。債務不履行に基づく損害賠償請求を行うためには当事者間に契約関係がなければ成り立たないからです。

レッチリさんは主催者との出演契約に基づいてロックフェスティバルに参加しているのですから、契約関係はレッチリさんと主催者との間にはありますが、レッチリさんと観客との間に契約関係は存在しないのです。契約関係にない当事者間で損害賠償請求を行う場合には**不法行為に基づく損害賠償請求（民法709条）**という形になるので、この可否を検討する必要があります。不法行為に基づく損害賠償請求については７章「ドクターペッパーがもらえないじゃないか?! と詰め寄られたアクセル・ローズ」で詳しく説明させて頂きますが、今回のケースでは、レッチリさんは演奏自体を行っていますし、観客に対する権利侵害を行ったとは評価されませんので、観客からレッチリさんに対する請求は認められません。ここでは、契約関係にある当事者間で約束違反があった場合には債務不履行に基づく損害賠償請求（民法415条）の問題となるが、契約関係にない当事者間で権利侵害があった場合には不法行為

基づく損害賠償請求（民法 709 条）の問題になるということだけ覚えておいていただければと思います。

③ 観客と主催者の関係

　次に、観客と主催者の関係についてです。観客が主催者に対して「ずっと楽しみにしていたし、仕事も休んできたのに、レッチリのやる気ないステージしか見ることができなかった……金と時間を返せ！」とか「やる気のないレッチリなんてレッチリではない！」などの文句を言ってくる可能性があります。たしかに、主催者がレッチリさんと出演契約を締結するに際に、どの曲を何曲演奏するとか、やる気満々で演奏するとか、そういった細かい縛りをレッチリさんに課しておくという方法はあったかもしれません。ですが、通常はそこまでの縛りをかけていないことも多いでしょうから、今回のケースでそのような縛りを設けていなかったとしても、**観客は主催者を責めることはできないでしょう**。

　ただ、弁護士の仕事をしていると、最近は法律的には無理筋の主張であっても、自分の主張を通すために何でもかんでも難癖をつけてくるような人が増えてきているように感じます。いわゆるクレーマーです。クレーマーは何か嫌な思いをして、やるせない気持ちになったら、そのやるせない気持ちを自分自身に向けるのではなくて、第三者にぶつけようとします。冷静に考えると自分自身にも落ち度があるはずなのです。でもクレーマーは自分自身の落ち度を認めようとはしません。自分のことを棚にあげて、第三者に責任転嫁して、「あーだ、こーだ」「ブツクサ、ブツクサ」と文句を言ってくるわけです。クレーマーはいわば棚上げと責任転嫁のプロフェッショナルです。感情的に文句を言ってくるタイプもいたり、冷静に文句を言ってくるタイプもいたりして様々なタイプのクレーマーがいるものです。私も企業法務を専門としていますので、日々クレーマー対応に追われています。クレーマーに接していると、仕事とはいえ、こちらがやるせない気持ちに陥っていきます。そこは「仕事だから……」と奮い立たせてクレーマーに対峙するのですが、やはり

やるせない気持ちに包まれていくのです。

　また、話が脱線しかけました。日々のクレーマー対応に関する愚痴を言う場面ではありませんので、クレーマーに対する対応はここでは詳細を割愛させていただきますが、いずれにしてもクレーマーの対応には注意しなければならない点がありますし、クレーマーとの交渉や話し合いにはコツがあります。今回も観客からクレームが入ったとすれば、主催者は自分たちで又は私以外の弁護士に依頼しながら丁寧にクレーマー対応を進めていかなければなりません。

④ レッチリさんと主催者の関係

　最後に、**レッチリさんと主催者の関係**についてです。ここが今回のケースではメインの話になります。

　レッチリさんは主催者との間で出演契約を締結して、その出演契約に基づいて演奏を行っています。そうすると出演契約に定められた債務を履行しているのだから、一見、問題がないのではないかとも考えられます。ただ、実務では、**レッチリさんが本当に出演契約に定められた債務を履行していると言えるのかどうかが問題**となります。世の中には「一見すると問題がなさそうだけど……」といった事象が溢れています。でも、そこで思考を止めてはいけません。トラブルや紛争の解決のためには「……」の部分、すなわち、「何か問題が隠されているのではないか？」「本当に問題はないのか？」という部分について、一歩進めて考えてみることができるかどうかが重要になってくるのです。いわばここが主戦場になってくるわけです。

　今回のケースでは、「ちゃんと演奏したぜ！」と言うレッチリさんに対しておそらく主催者は、「本当にちゃんとやったと言えるのか？　やる気がないように見えたという部分はどう説明するんだい？」というところをレッチリさんに聞いてくるはずです。それに対して、レッチリさんはそれに答えることができるのでしょうか。レッチリさんを弁護することができるのか？　レッチリさんの言い分は無いか？　一緒に考えて

みましょう。

　まず、ヴォーカルのアンソニーさんは腕を骨折していましたが、その怪我を我慢してステージに立ちました。客観的に見ると、骨折しているロッカーがステージに立っている。その時点で、やる気がなさそうに見えてしまうことはあるかもしれません。想像してみてください。観客は長い時間楽しみにして待っています。遠路はるばるレッチリさんを見るために来場した人も多いはずです。会場のボルテージは最高潮！　それにも関わらず登場したロックヒーローが骨折している……。恐ろしい状況です。ビジュアル的にあまり望ましくない状態なのは否めません。

　でも、そこで考えてみてください。誰しも骨折してしまうと心まで折れかけるのではないでしょうか。気分もローになります。痛いだけなら良いのですが、骨折の危うさは骨が折れたということではないのです。骨折の本当の恐ろしさは心を折りかねないということです。誰でも、骨折すると「どうして骨折しちゃったのだろう……」「何で転んだんだろう……」「どうしてジャンプしたんだろう……」「どうして調子に乗ってしまったんだろう……」と気分がどんどん暗くなってしまいがちなのです。それ故、骨折というものは、体の痛みだけではなく、心の痛みも引き起こす、そんな恐ろしい事態なのです。

　今回のケースでは、まさにここがポイントだと私は考えます。「**それにもかかわらず**」なのです（なお、この「それにもかかわらず」というのは弁護士がよく使う常套句です。私の伝家の宝刀ですのでご活用ください）。

　すなわち、**それにもかかわらず、アンソニーさんは必死にステージに立ちました**。ステージに立った以上はプロフェッショナルです。痛みを乗り越えて、本人はやる気満々だったはずです。私だったら真似できるか自信がありません。皆さまはどうでしょうか。アンソニーさんがステージに立った姿は骨折して心が折れかけている人に勇気と希望を与えたはずです。アンソニーさんは、それだけ勇猛果敢な行動を示してくれたのです。

また、出演契約には、通常、骨折してステージに上がってはいけないという契約内容は含まれていないと思います。正確なことは実際の契約内容を確認してみないと何とも言えませんが、通常はそのような条項を契約書に盛り込むことは殆どないと思います。さらに、もっと言えば、そもそも骨折したくて骨折する人なんてどこにもいませんよね。事故なんです。契約の内容はあくまで演奏をすることで、それが「債務の本旨」なのです。レッチリさんが債務の本旨に沿った履行をしていれば、レッチリが責任を問われることはありません。骨折というビジュアルが醸し出す先入観。それは幻想にすぎません。アンソニーさんに限っては、やる気満々だったはずです。ただ敢えて言えば1点誤解を招く不幸な事態が生じていた。それが骨折をしてしまっていたことです。ただそれだけのことなのです。

　まだ納得できない方も多いと思いますので、もう少し掘り下げて、今回のケースでレッチリさんの演奏が債務の本旨にそった演奏だったのかという部分を検討してみたいと思います。たしかに、時間的には短く感じられたかもしれません。しかし、当日は暴風雨でしたよね。**そんな状況にもかかわらず、レッチリさんは30分「も」演奏したわけです。**暴風雨の舞台では電気系のトラブルや感電事故が起きる危険性があります。落雷も考えられます。極めて過酷な状況だったことは明らかです。まさに生命の危機に直面しかねない極限的な状況だったと言っても過言ではありません。そのような過酷な状況の中で、命の危険をかえりみず、30分間「も」演奏をした。これは、むしろ褒められるべきことであり、称えられるべきことではないでしょうか。

　最後に1点、補足させてください。そもそも世界中のレッチリさんのファンの中で、骨折した状態でステージに立つアンソニーさんを観た人がどれくらいいるでしょうか。もの凄くレアな姿だと思います。このようなレアな事態を観ることができたことは、むしろ幸運かもしれません。一生、そのことを酒の肴にしながら、酒を飲み続けることができるのではないでしょうか。「俺は、第1回のフジロックでさ……」なんて

図6-2　債務不履行に基づく損害賠償請求③

	要件
債務不履行に基づく 損害賠償請求 （民法415条）	①当事者間に約束があったこと（今回のケースで問題になる要件） ②約束が破られたこと ③約束が破られた側に損害が発生したこと ④損害は約束を破られたことによって発生したものであること

	効果
債務不履行に基づく 損害賠償請求 （民法415条）	上記①〜④の要件が満たされれば、約束を破った人に対して発生した損害の賠償を請求することができる

話をすることができれば、ロック酒場では人気の的になることは間違いなしです。ですから、そのようなステージを主催した主催者の方も是非誇りに思っていただきたいと思います。今回のケースは、正にロックの世界の語り草となる、ロックの世界の伝説となる一場面だったのです。

　いずれにせよ、与えられた状態と環境の中で、レッチリさんはやるだけのことをきちんとやっているわけです。これはまさに「債務の本旨に従って履行をした」（約束を守った）と評価されるべきだと思います。ですので、レッチリさんに責任はないという判断になるのではないでしょうか。レッチリさんが大好きなだけに熱くなりましたが、今一度、声を大にして主張させてください。**「レッチリに責任なし！」** 以上です。どうでしょうか。いかがでしょうか。ダメでしょうか。苦しいでしょうか……。

4 今回のケースで使用した法律

　今回も債務不履行に基づく損害賠償請求の話でした。**債務不履行に基**

づく損害賠償請求は、実際の弁護士の仕事の中でも本当によく使いますのでしっかりマスターしておいてください。図6-2（債務不履行に基づく損害賠償請求③）をご覧下さい。債務不履行に基づく損害賠償請求権が認められるのはこの4つの要件を充たす必要があります。

　4つの要件のうち問題になるのはどこかを最初に検討し、次に、事実を拾い上げて、要件が認められるかどうかを検討するという思考過程も重要です。先に述べた事実以外にもレッチリさんに有利な事実、レッチリさんに不利な事実があると思います。是非一度想像力を働かせて、そういった事実を拾いあげる練習をしてみていただければと思います。きっと法的思考の涵養に役立つはずです。

●民法第415条（債務不履行による損害賠償）
債務者がその債務の本旨に従った履行をしないときは、債権者は、これによって生じた損害の賠償を請求することができる。債務者の責めに帰すべき事由によって履行をすることができなくなったときも、同様とする。

5 まとめ　弁護士奥山倫行の「これで、サティスファクション」

　ファンを大切に思わないアーティストはいないと思います。アーティストはベストなパフォーマンスをするのが役割です。また主催者側はアーティストとしっかりとコミュニケーションを取ってアーティストに最高のパフォーマンスをしてもらうのが役割です。観客は全力で楽しんでその情熱をステージ上のアーティストに届けるのが役割です。ライブはアーティストだけでやるものではありません。主催者がやるものでもありません。ましてや観客がやるものでもありません。ライブは全員が一体になって作り上げるものなのです。みんなで一緒に作り上げるものなのです。そこで大切になるのはお互いの気持ちや想いを想像する思いやりです。

　私自身も楽しみにしてライブに行って、がっかりして帰ってくること

があります。「なんだよ！　ずっと楽しみにしていたのに今日はイマイチだった！」とか「どうしてアンコールが2曲だけなんだ……。大切な曲をやってないじゃないか！」とか「会場の音響も良くなかったし……」とか「開演するまで待たせすぎだ！」とか「オールスタンディングだと、ボブ・ディランのもじゃもじゃ頭しか見えないじゃん！」とか色々不平・不満の気持を感じることがあります。ライブに行く何日も前から楽しみにして、わくわくして、そのアーティストの曲を何度も聴いて、当日のライブパフォーマンスを想像しながら、楽しみ感でパンパンに胸を膨らませてようやくライブの当日にピークを迎えてしまうため、想像していた内容と異なると相当ショックが大きくなるものです。期待していれば期待しているほど、がっかり具合も半端ありません。でも、そんなときに考えることがあります。

　それはまさに今回のケースと同じことなのです。ライブを人任せにしているのではないか。自分も当事者として一緒にライブを作り上げるという姿勢が足りなかったのではないか。そういったことを考えるわけです。アンコールの曲数が少なかったり、期待していた曲を演奏してくれなかったのは、オーディエンスである自分たちの熱気と情熱が足りなかったのではないかと……。どんなことでもまずは自分のことを見つめ直すことが必要だと感じます。

　今回のケースのように、現代社会では揉めようと思えば揉め事なんていくらでも起こせます。揉め事を望んで揉め事を起こすのは事件屋くらいで、普通は誰も揉め事なんて望まないわけです。

　日常生活でも、誰かと揉め事になってしまうことがありますよね。そんなときはいったん冷静になって、お互いの主張を考えて紙にでも書き出してみると、問題が見えてきます。そんなことをしているうちに、不思議と相手の気持ちも解ってきます。相手がどんなことに不満を抱き、何を求めているのかも予想がつくようになってきます。

　そうすれば冷静に対応を進めることができ、お互いカッとしたまま主張のぶつけ合いをするよりもいい解決に至ることが多いのです。今回の

ケースでも、ファンの気持ちはわかります。でもレッチリさんの気持ちも想像してみて欲しいのです。骨折しながら台風の中で演奏するレッチリさんを観ることができた。レッチリさんの演奏が聴けた。それだけでも、三代語り継げる話ではないでしょうか。台風の中のレッチリさんなんて、観たくても観ることができませんから。

　ロックの世界では、どうも通常の世の中よりも高い頻度で揉め事が発生するように感じます。でも、どんな場面でも同じなのです。大切なのは相手の気持ちを想像すること。まずは、自分のエゴや責任転嫁の気持ちを捨てて相手の立場にたって考えてみる。相手の立場になって相手の気持ちを想像してみる。そうすれば大抵の揉め事は自ずとサティスファクションに向かいます。

おさらいポイント
①ケースの手さばきをしっかりとマスターしていましたか？
②契約関係が「ある」当事者間で相手に損害賠償請求する場合の法律は？
③契約関係が「ない」当事者間で相手に損害賠償請求する場合の法律は？

COLUMN ロックの玄人 河野吉伸の「この曲を聴け！」

今回ご紹介したいアルバムは、2002年に発売されたレッド・ホット・チリ・ペッパーズ8枚目のアルバム「バイ・ザ・ウェイ」です。奥山弁護士が大好きなギタリストのひとり、ジョン・フルシアンテ色を全面的に出したアルバムでもあります。

また、このアルバムからの先行シングルカットとして発売された曲「バイ・ザ・ウェイ」で、アンソニーが歌っている「そんなつもりじゃ決してなかったんだ……」という歌詞は、今回のケースにて奥山弁護士のいう「やるだけのことをきちんとやっているわけで、やる気がなかったわけではない……」という部分と妙にリンクしちゃいました。

- タイトル：バイ・ザ・ウェイ
- アーティスト：レッド・ホット・チリ・ペッパーズ
- ジャンル：ロック
- リリース：2002年7月9日
- 時間：73分
- レーベル：ワーナーミュージック・ジャパン
- 曲目：下記に記載

1. バイ・ザ・ウェイ
2. ユニヴァーサリー・スピーキング
3. ディス・イズ・ザ・プレイス
4. ドースト
5. ドント・フォゲット・ミー
6. ザ・ゼファー・ソング
7. キャント・ストップ
8. アイ・クッド・ダイ・フォー・ユー
9. ミッドナイト
10. スロウ・アウェイ・ユア・テレヴィジョン
11. キャブロン
12. テアー
13. オン・マーキュリー
14. マイナー・シング
15. ウォーム・テープ
16. ヴェニス・クイーン
17. タイム（日本盤のみのボーナス・トラック）

7 ドクターペッパーがもらえないじゃないか?!と詰め寄られたアクセル・ローズ

心裡留保（民法93条）／不法行為に基づく損害賠償請求（民法709条）
／新しい人権（憲法13条／パブリシティ権）

ここがポイント

世の中には多くのウソがあります。レディー・ガガはtwitterで「音楽はウソ、アートもウソ。でも、あまりにも素晴らしくてファンたちが真実に変えてくれるようなウソをつけばいいの」と呟きました。この章ではこの「ウソ」が法律ではどのように扱われるのか学びます。

1 当事者のプロフィール

今回の当事者は、アクセル・ローズ（W. Axl Rose：1962年2月6日生まれ。アメリカ合衆国、インディアナ州ラファイエット出身）さんです。

アクセル・ローズさんは、アメリカはロサンゼルスにて1985年に結成されたロックバンド「ガンズ・アンド・ローゼズ」のヴォーカリストです。同バンドのオリジナル・メンバーとしては最後の一人です。ガンズ・アンド・ローゼズは、デビュー以来、全米で4200万枚、全世界で1億枚以上のアルバムセールスを記録したビックバンドです。しかし、その一方で、1988年12月9日（金）NHKホールでの公演では、機材の調子が悪く約40分でコンサートを中止したり、そうかと思えば、2009年の来日公演では、大阪・東京の両公演で3時間を超えるコンサートを披露したりするなど、デビュー当時からその破天荒な言動が有名です。

2 ケース

そんなガンズ・アンド・ローゼズですが、2008年に14年ぶりに待望のニューアルバム「チャイニーズ・デモクラシー」をリリースしました。今回のケースは、このニューアルバムの発売前のことです。巷では、突如「近日、ガンズのニューアルバムが出るらしい」との噂が飛び交いましたが、一向にリリースの知らせが発表されないので、「やっぱり、今回もデマ？ きっと出ないかもね……」と諦めムードが蔓延していました。そこに、「どうせ今回も出ないだろうから」とタカをくくっ

ていたドクターペッパー社が、自社の宣伝をかねて「ガンズのニューアルバムがリリースされたあかつきには、元メンバーのスラッシュとバケットヘッドの2人を除いた全てのアメリカ国民にドクターペッパーを1本ずつプレゼントしまーす！」と独断で仰天宣言をだしました。アメリカ国民は「それはすごい！　ドクターペッパー社が言うならリリースされるんじゃないか?!」とどよめきが生じました。

　その頃、そんな噂など知らないガンズサイドは、せっせとレコーディングを行い続け、ついに「チャイニーズ・デモクラシー」をリリースしました。実に制作期間14年、製作費14億円をかけた14曲入り「チャイニーズ・デモクラシー」をリリースしたのです。「ガンズも聴けるし！　ドクターペッパーはタダでもらえるし！」と、アメリカ国民は熱狂しました。慌てたのは、ドクターペッパー社です。急遽、公式サイトでドクターペッパー無料引換券をダウンロードできるよう手配しました。ところがアクセスが集中してサーバーがダウンし、結局、アメリカ全国民1人1本無料で提供するという約束は上手くいかなかったというお粗末な状況に陥りました。

　当然、腹を立てたのはアメリカ国民（まあ、ガンズのファンが殆どかもしれませんが……）です。そして、アメリカ国民以上に腹を立てていたのはローズさん本人です。なぜかというと今回のキャンペーンに対して、ローズさんは「とても嬉しい」と応答していた経緯があったからです。そして、ドクターペッパーをタダで貰い損ねた人たちから不満の声がローズさんにも飛び火したからです。**かなり面倒な事態ですが、果たしてローズさんに責任は生じるのでしょうか。**

3 ケースの分析と解説

① 当事者の仕分けをしてみよう！

　今回のケースは、いろいろな立場のひとが複雑に入り組んでいますね。この場合には、最初に何を行うべきだったでしょうか。そうです。

まずはそれぞれの関係を切り分けることでした。

　それでは、今回のケースでも、まずそれぞれの関係を切り分けて1つずつ考えていきましょう。繰り返しになりますが、**当事者の仕分けを行うことは紛争やトラブルを解決していくときにとても大切な視点に**なりますので、習慣にしていただきたいと思います。

　弁護士も、相談者から相談を受けた際には、混沌とした紛争状態を整理しながら聞き取りをしていきます。弁護士に相談しようという人の多くは、自分の身近な人々の力では解決できない厄介な悩みを抱えています。自分や身近な人に相談して何とか紛争を解決しようとして、それでも解決しきれなくて、どうしようもなくなった段階で法律事務所に足を運ばれる方が多いのではないかと感じています。

　そして、そのような段階の人は自分がおかれている状況もあまり冷静に判断できなくなっていることが多いように感じます。ですが、その状態では、紛争やトラブルの解決に向けて妥当な解決を導くことは容易ではありません。複雑に入り組んでいる当事者の関係を整理することなく、紛争状態を解決しようとすると、事態はかえって複雑になっていきます。

　ですので、まずは一度深呼吸して、その上で、当事者の関係を切り分けて整理したり（この本では「当事者の仕分け」といっています）、時間の流れにそって出来事を整理したりしていきます。この作業が紛争解決やトラブル解決のスタートラインなのです。

　当事者の仕分けは、**①当事者を紙に書き出す、②その関係を整理する、③その後、それぞれの当事者間の法律関係を整理しながらどのように紛争状態を解決するかを検討する**という手順で進めていきます。

　それでは、今回のケースの当事者を実際に書いて仕分けしてみてください。

　いかがでしょうか。まず当事者を紙に書き出すということですが、今回のケースの登場人物は、①ローズ（ガンズ）さん、②ドクターペッパー社、③アメリカ国民ですね。それぞれ紙に書き出すことができましたでしょうか。

図7-1　関係図

```
        C
ローズ(ガンズ)さん ――→ ドクターペッパー社
     │         ↑
     │❷CDリリース  │
     │(チャイニーズ・デモクラシー)│
     │      B    │
     │           │
     │       A   │
     ↓           │
  アメリカ国民 ←――┘
         ❶約束
         ガンズのニューアルバムがリリースされたら
         ドクターペッパーをプレゼント
```

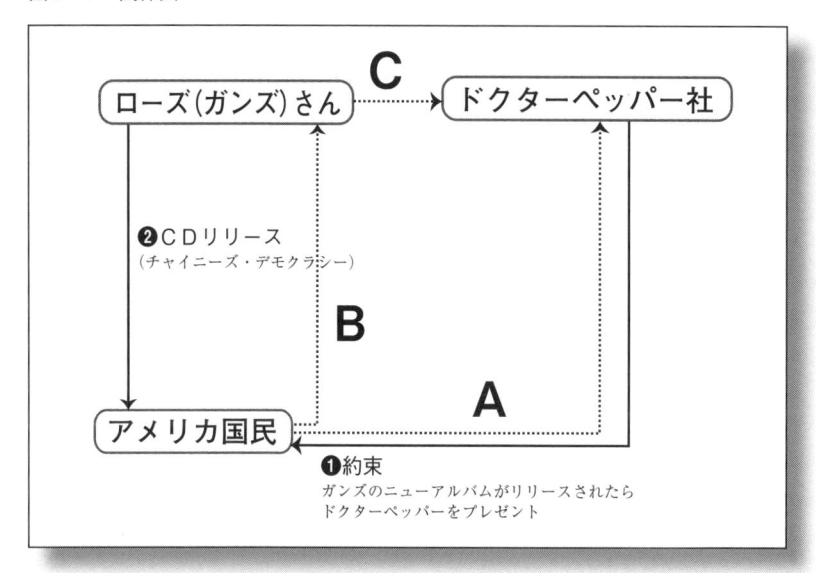

　次に、当事者の関係を整理するということですが、次のように分けることができます。A：アメリカ国民VSドクターペッパー社、B：アメリカ国民VSローズさん、C：ローズさんVSドクターペッパー社という3つの関係に整理することができますね。順番は関係ありません。3つのグループができていればOKです。この関係を、**図7-1（関係図）**にまとめましたので、ご自身が紙に書き出した関係図と見比べてみてください。当事者を同じ位置に配置する必要はありませんが、もれがなければOKです。

　それでは、A～Cのそれぞれのグループ毎に法律関係を整理しながらどのように紛争状態を解決するのかを検討していきましょう。

② Aの法律関係

(民法93条／心裡留保)

　まずはAの法律関係（アメリカ国民VSドクターペッパー社の関係）についてです。

ここでの法律問題は、怒り心頭のアメリカ国民がドクターペッパー社に**「約束通りドクターペッパーをくれ！」と請求**した場合に、ドクターペッパー社はそれに応じなければならないのかという問題です。皆さんは、どう考えるでしょうか。社会人としての一般的な常識で考えてみてください。この「社会人の一般的な常識で考える」ということも極めて大切な姿勢です。最終的には法律によって紛争状態は解決されていくのですが、法律は「世の中はこうあるべき」という一般的な道徳や倫理観に沿って定められたものなのです。このような姿勢で考えていった場合には、それほど法律とは異ならない結論にいたることができる場合も多いのです。

　では一般的な常識に則して考えてみるとどのような結論になるでしょうか。そうですね。ドクターペッパー社にある程度の責任が認められそうですね。ドクターペッパー社はアメリカ国民に対して約束をして、結果的にそれができなくなってしまいました。ドクターペッパー社はアメリカ国民との約束を破ったのですから、**ドクターペッパー社には責任が認められそう**ですよね。

　さて、ここからが今回のケースの１つの肝になります。ここでマスターしていただきたい大切な概念が登場します。それは、**心裡留保**（しんりりゅうほ）という概念です。心裡留保（しんりりゅうほ）という言葉ですが、ある程度法律の勉強をされた方以外には、殆ど馴染みのない言葉だと思います。心裡留保（しんりりゅうほ）というのは、**「意思表示を行う者（表意者）が自己の真意と表示行為の内容との食い違いを自覚しながらなす意思表示」**のことをいいます。

　たとえば、AさんがBさんに対して、本当はCD100枚をあげるつもりがないのに、それを隠して「CD100枚をあげる！」と言ったとします。この場合、BさんはAさんを信じてCD100枚を貰えると期待します。Aさんに「いやいや、本当はCD100枚なんてあげるつもりはなかったんだよ。ただの冗談さ！　だからあげないよ！」と言われたら、Aさんを期待したBさんはかなりがっかりするでしょう。

　場合によって、BさんはCD100枚を置くために、新しいCDラック

を購入して準備しているかもしれませんし、CD100枚を置くスペースを作るために、他のCDを捨てたりしてしまっているかもしれません。さらには、Aさんから貰ったCD100枚を他の人に売る手はずを整えてしまっているかもしれません。このようなBさんの期待を保護してあげなければ、社会生活の平穏を保つことはできません。

　後になって、Aさんから、ストーンズの「Jumpin' Jack Flash」の歌詞ではありませんが、「It's A gas！gas！gas！gas！（そいつは冗談、冗談だったんだから、あげないよ）」なんて言われると、Bさんは被害をこうむりますし、その後の取引の安全も害されかねないのです。Bさんの期待を保護するとともに取引の安全を保護する必要があるわけです。他方で、AさんはCD100枚をあげるつもりがないのであれば、最初から「CD100枚をあげる！」なんて言わなければ良いのです。それにもかかわらず面白がってなのか何なのか、「CD100枚をあげる！」と言ったAさんを保護する必要はありません。

　ですので、このような心裡留保については、法律で規定がされています。民法93条には、「意思表示は表意者がその真意ではないことを知ってしたときであっても、そのためにその効力を妨げられない」という規定が置かれています。心裡留保においては表意者（この場合はAさんですね）保護の必要性が全くない以上、表意者が表示したとおりの効果を生じることとして意思表示を信頼した相手方（この場合はBさんですね）さらには第三者の保護を図ろうとする趣旨で規定されているわけです。要は、冗談で言ったことを後から「冗談だよ！」と言うことは許されないのです。

　ただし、この心裡留保には例外が2つあります。

　例外の1つ目は、BさんがAさんの真意を知っていたときです。この場合にはAさんが「いやいや、冗談だよ。CD100枚なんてあげないよ」と言うことが認められます。BさんもAさんがCD100枚をくれるつもりが無いことを知っていた以上、Bさんの信頼は害されませんし、取引の安全も害されないからです。Aさんの話が嘘だと知っていた人

まで保護する意味はないからです。

　例外の2つ目は、BさんがAさんの真意を知ることができたときです。この場合にもAさんが「いやいや、冗談！　CD100枚なんてあげないよ。Bさんもそれくらいわかっていたでしょ」と言うことが認められます。普通に考えれば、BさんもAさんの真意を知ることができたのに、それを怠ったBさんまで保護する必要はないという発想です。ちょっと注意して考えれば、Aさんが大切なCD100枚をあげるつもりはないということに気づけたような場合には、Bさんにも落ち度がありますので、そのような落ち度のあるBさんまで保護する必要はないということです。

　気前が良くて、何でもかんでもあげる約束をしてしまう人には、注意していただきたい重要な規定です。また、冗談や嘘をつきがちな人にも気をつけていただきたい規定です。軽い気持ちでとか、相手をからかおうとして、冗談や嘘の約束をしたとしても、その約束を守らなければな

図7-2　民法93条　心裡留保

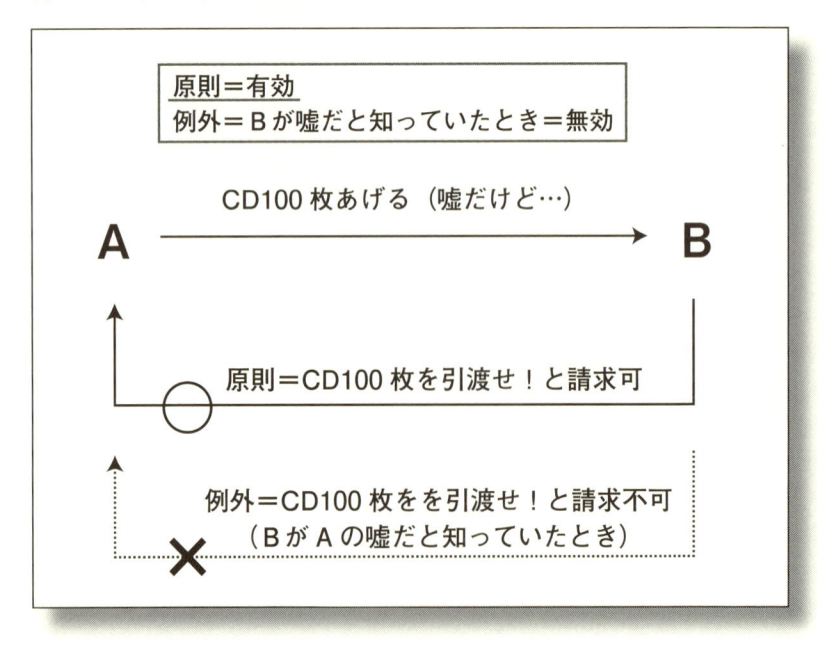

```
原則＝有効
例外＝Bが嘘だと知っていたとき＝無効
```

A →(CD100枚あげる（嘘だけど…）)→ B

原則＝CD100枚を引渡せ！と請求可

例外＝CD100枚をを引渡せ！と請求不可
（BがAの嘘だと知っていたとき）

らないような事態になってしまうことがあるからです。

今回のケースに戻ります。たとえば、ドクターペッパー社が「いやいや！　ガンズ・アンド・ローゼズの件は冗談です。アメリカ国民みんなにドクターペッパーをあげるなんて不可能です。ちょっと考えてみたら、冗談だってわかるじゃないですか？」と主張したらどうなるでしょうか。ひょっとすると**ドクターペッパー社は心裡留保の規定を盾にして、ある程度責任を軽減して貰うことも可能になるかもしれません**。現実の事件であれば、あとはどのような証拠を用意できるかとか、どのように裁判官を説得したり、納得してもらったりできるかという問題になります。

今回のケースのように、最初は社会人としての一般的な常識で結論のあたりをつけて、その後、法律の規定に基づいて検討していくというのが、紛争やトラブルを解決していくための知恵になりますので、そのような姿勢も一緒に身につけていただきたいと思います。

ちなみに、実際のケースではドクターペッパー社は本気で約束を守ろうと考えていたようです。アメリカの人口は約3億人です。ドクターペッパーの単価は75セント（約70円）程度です。原価は恐らく20円程度でしょうか。そうすると全アメリカ国民に配布するとすれば、約60億円程度のコストがかかる計算になります。実際には、サイトで申込みを行えば無料クーポンが届くという方法を検討していたようです。ですので、実際のケースでは心裡留保の話はでてきません。

そのため、実際のケースでは、ドクターペッパー社が約束を守らなければ、アメリカ国民から請求を受けても仕方ないという関係になったかもしれませんね。

③ Bの法律関係

(民法709条／不法行為に基づく損害賠償請求)

次に、Bの法律関係（アメリカ国民 VS ローズさんの関係）について検討していきましょう。

ドクターペッパーを無償で貰いたかったアメリカ国民にしてみれば、一歩進んで、「ガンズは、ドクターペッパー社の企画を知っていて、それに乗っかってニューアルバムの宣伝をしたんじゃねぇか⁉　すっかり、騙されたぜ！」とローズさんを非難したくなるかもしれません。その場合の請求の根拠として考えられるのは、**不法行為に基づく損害賠償請求権（民法709条）**です。

　不法行為に基づく損害賠償請求権というのは、簡単にいえば、権利を侵害された人は、わざと（＝故意）又はうっかりと（＝過失）、権利を侵害した人に対して、金銭的賠償を求めることができるという内容の請求権です。

　図7-3（不法行為に基づく損害賠償請求）をご覧ください。不法行為に基づく損害賠償請求が認められるためには、①**（不法行為者の）故意（わざと）又は過失（うっかり）によって、②（不法行為者が）他人の権利又は法律上保護される利益を侵害したこと、③損害が発生したこと、④発生した損害は故意又は過失に基づく他人の権利又は法律上保護される利益を侵害した行為に基づくこと（因果関係）**の４つの要件を全て充たす必要があります。

　今回のケースに則して言えば、①ローズさんが、わざと又はうっかりと、②アメリカ国民の権利や利益を侵害したこと、③それによってアメリカ国民に損害が生じたこと、④それらが因果の流れでつながっていることといった関係が認められる必要があるのです。

　今回のケースでは、①〜④の要件を満たしているでしょうか。たしかに、ドクターペッパーを貰えると期待してそれを貰えなかったことはアメリカ国民の利益も損なわれて損害も発生しているようにも思われます（要件②及び要件③）。しかし、ローズさんに、アメリカ国民の利益を損害しようという故意や過失は認められるでしょうか（要件①）。今回のケースはドクターペッパー社がガンズを一方的に利用しようとした行為ですので、**ローズさんには、故意もなければ過失もないように思われます**。

図7-3 不法行為に基づく損害賠償請求

	要件
不法行為に基づく損害賠償請求（民法709条）	①（不法行為者の）故意又は過失
	②（不法行為者が）他人の権利又は法律上保護される利益を侵害したこと
	③損害が発生したこと
	④損害は①に基づく②によって発生したものであること

	効果
不法行為に基づく損害賠償請求（民法709条）	上記①〜④の要件が満たされれば、不法行為者に対して発生した損害の賠償を請求することができる

　実際のケースでも、ローズさんは、ドクターペッパー社を提訴しており、ドクターペッパー社とグルになってキャンペーンを行いアルバムのセールスを伸ばそうという気持ちはなかったのです。

　そのあらわれとして、実際にドクターペッパー社は「ガンズ・アンド・ローゼズの弁護士が、楽しいはずの無料配布を法的争いに変じようとしているのを残念に思います。我々はただ『チャイニーズ・デモクラシー』のリリースが遅れていることに対しコメントし、年内に発表できるようバンドを公然と奨励したのみです。アクセル・ローズ自身さえ、先に我々の試みに支持を表明していました。これは無料配布に対し我々が受け取った最も大きな反響の1つでした」といった内容のコメントを発表しています。もともとローズさんとドクターペッパー社の提携関係のもとで行われたキャンペーンではなかったのです。

　不法行為に基づく損害賠償請求権が認められるためには、①〜④の要件が全て満たされなければなりませんので、**今回のケースではアメリカ国民からローズさんに対する請求は認められない**という結論になるのではないでしょうか。

④ Cの法律関係

(パブリシティー権)

　最後に、Cの法律関係（ローズさん VS ドクターペッパー社の関係）について検討していきましょう。

　ローズさんとしては、アメリカ国民から非難されてしまった点について、ドクターペッパー社に謝罪してもらいたいと思っているのではないでしょうか。ローズさん側は、ドクターペッパー社に対して、自分たちの名前を商業的に利用したとして、責任を取らせるという方法を考えると思います。

　根拠となる法律は、ローズさんとドクターペッパー社には契約関係はありませんので債務不履行に基づく損害賠償請求（民法415条）を行うことはできません。その場合にはどうすればよいでしょうか。そうですね。**契約関係にない当事者間ですから、不法行為に基づく損害賠償請求（民法709条）が行えるかどうかを検討する**ことになります。

　先に述べた①〜④の要件について検討します。まずドクターペッパー社は今回のようなキャンペーンをすれば申込みが殺到してサーバーがダウンするようなことも想定できるはずで、そのような事態を想定せずにキャンペーンを行ったという点にドクターペッパー社の過失と評価される落ち度があるといえます（要件①）。

　次にドクターペッパー社はローズさんのどのような権利を侵害したのでしょうか(要件②)。ここで考えなければならないのがパブリシティー権という権利です。

　パブリシティー権というのは、法律上明確に規定されているわけではありませんが、裁判例によって認められている権利です。芸能人や有名人などの名前や肖像に備わっている顧客誘引力等の経済的価値を保護する権利で、裁判例では「**氏名・肖像から生じる経済的利益ないし価値を排他的に支配する権利**」と表現されたりします（東京地判平成12年2月29日『判例事報』1715号76頁）。

　パブリシティー権の認められる根拠については色々な考え方がありま

す。1章で説明した憲法13条の幸福追求権に基づいて認められるという考え方もあります。

憲法には、色々な権利が認められていますが、現在の憲法が施行されたのは戦後間もない1947年5月3日のことです。その後、日本は高度成長期を迎え、世の中も大きく変化し、憲法が作られたときには想定しなかった問題や権利も発生してきました。具体的には、**プライバシー権や肖像権やパブリシティー権**などの新しい権利です。

これらの新しい権利は「すべて国民は、個人として尊重される。生命、自由及び幸福追求に対する国民の権利については、公共の福祉に反しない限り、立法その他の国政の上で、最大の尊重を必要とする」と規定する**憲法13条の解釈によって認められる**と考えられています。全ての国民が個人として尊重され、それぞれが幸せに生きる権利を持ってい

図7-4 新しい権利

憲法13条	すべての国民は、個人として尊重される。生命、自由及び幸福追求に対する国民の権利については、公共の福祉に反しない限り、立法その他の国政の上で、最大の尊重を必要とする
人格権	個人の人格的利益を保護するための権利
肖像権	人がみだりに他人から写真をとられたり、とられた写真がみだりに世間に公表、利用されることのないように対世的に主張しうる権利
パブリシティー権	氏名・肖像から生じる経済的利益ないし価値を排他的に支配する権利
プライバシー権	私生活の事柄をみだりに公開されない権利 他者が管理している自己の情報について訂正・削除を求めることができる権利

るのです。幸せに生きるためには、プライバシーは守られなければならないし、自分の肖像も誰かに勝手に利用されたりしないように守られなければならないといった考え方です。難しい学説の対立もあるところなのですが、本書ではこのように理解しておいてください。

　さて、話をパブリシティー権に戻します。芸能人や有名人は自身のプライバシーを犠牲にしつつも、自らの活動によって名前や肖像の経済的価値を高め、そこから収入を得ています。商品やサービスの宣伝に使用することで、商品やサービスのイメージがアップし、売上も増加するのです。もちろんこれはロックアーティストでも同じです。

　今回のケースでいえば、ドクターペッパー社はローズさんのパブリシティー権を不当に利用していると受け取られかねません。もともとローズさんの承諾なく、ガンズのニューアルバムのリリースの話題に便乗して、ドクターペッパーの知名度をあげるようにプロモーションをしたのです。

　ローズさんは、その時点で「勝手に便乗するな。パブリシティー権の侵害だ」と主張することもできたと思いますが、そこは大人の対応といいますか、若しくはガンズの名前も売れて相乗効果があるからと考えたのか、他に事情もあったのかもしれませんが、いずれにせよローズさんは特にクレームをつけませんでした。しかし、いざ「チャイニーズ・デモクラシー」を発売したところ、キャンペーンの約束が守られなかったわけです。

　ドクターペッパー社の不手際によってローズ（ガンズ）のイメージが悪化し、パブリシティー権が侵害されたというわけです（要件②）。

　そして、ドクターペッパー社によるパブリシティー権の侵害によりローズさんにはイメージダウンなどの損害が生じています（要件③④）。実際の損害をいくらと算定するのかについては別途検討の必要がありますが、損害自体が生じていることは間違いがないと思います。

　以上より、ローズさんのドクターペッパー社に対する不法行為に基づく損害賠償請求は認められるのではないかという結論になるのです。

4 今回のケースで使用した法律

今回のケースでは、重要な法律が盛り沢山でした。

まず、**民法93条（心裡留保）**です。嘘や冗談を言ったときに、法律上はどのように評価されてしまうかというとても大切な条文です。日常生活でも注意が必要なところですのでこの機会にマスターしておいてくださいね。特に日ごろから嘘や冗談を言ってしまいがちな人は要注意ではないでしょうか。

次に、**民法709条（不法行為に基づく損害賠償請求）**です。この条文は民法415条（債務不履行に基づく損害賠償請求）と並んで弁護士の実務でも裁判の中でもロック裁判所でも非常によく登場する条文です。契約関係にない当事者間で損害が生じた場合には民法709条（不法行為に基づく損害賠償請求）の出番です。他方で、契約関係にある当事者間で損害が生じた場合には民法415条（債務不履行に基づく損害賠償請求）の出番ですね。2つとも重要ですので、宜しくお願いいたします。

また、パブリシティー権についても説明させていただきました。パブリシティー権は、法律で明確に規定されているわけではありませんが、裁判例によって認められている権利です。人格権と言われる権利があること、それには肖像権やプライバシー権や名誉権などの権利があるといったことをマスターしていただければと思います。

●民法93条（心裡留保）
意思表示は、表意者がその真意ではないことを知ってしたときであっても、そのためにその効力を妨げられない。ただし、相手方が表意者の真意を知り、又は知ることができたときは、その意思表示は、無効とする。
●民法709条（不法行為に基づく損害賠償請求）
故意又は過失によって他人の権利又は法律上保護される利益を侵害した者は、これによって生じた損害を賠償する責任を負う。

> ●パブリシティー権
> 氏名・肖像から生じる経済的利益ないし価値を排他的に支配する権利

5 まとめ 弁護士奥山倫行の「これで、サティスファクション」

　今回のケースはドクターペッパー社の落ち度の高い事案でした。ローズさんに責任はありません。ただ、国民的バンドが14年以上もの間、アルバムをリリースせずにいたのですから、「もう出ないんじゃないか？」とみんなが思ってしまうのも仕方のないことかもしれませんね。

　ロックの世界ではとかく嘘八百が並べられがちです。もちろん嘘は良くありません。でも嘘もまたロックだったりする場面もあるわけです。エンターテインメントビジネスの側面もありますので、ある程度の嘘もしょうがないのかもしれません。ただ、嘘をついた場合には「嘘でした！」とか「冗談でした！」では済まされない場合があるのです。

　今回のケースででてきましたが、民法93条に心裡留保という規定があることを忘れないでください。法律の世界では「嘘も原則として有効になる」ということです。法律の世界では、軽い気持ちでついた嘘が嘘として扱われないことがあるのです。ただし、嘘だと知っていたり、ちょっと注意すれば嘘だと知ることができたりする場合には例外的に無効になりますが、そうじゃなければ、「嘘も原則として有効になる」のです。

　私の法律事務所には、連日連夜、多種多様なトラブルが持ち込まれますが、打ち合わせの中で、今回のケースのように１つひとつの関係に切り分けて事案を整理してみると、「あれ？　これなら自分たちで解決できます！」となることも多いものです。

　紛争の渦中にいると、どうしても視野が狭くなり、頭も混乱して、いつの間にか**「複雑な状態を整理してシンプルに考える」**ということがで

きなくなってしまうのだと思います。複雑な事案を複雑なまま解決しようとすると大抵の場合はより複雑になってしまいます。複雑な事案は当事者の仕分けをすることが大切です。

手順をおって順に関係をほぐしながら1つひとつ整理していくと、解決のゴールは意外に身近なところにあたりするものです。

いずれにせよ、ガンズさんのニューアルバムのリリースが、ロックファンにとってもアメリカ国民にとっても待ち遠しかったことは間違いありません。関係した人は全員やきもきしましたかもしれませんが、最初からきちんと購入したドクターペッパーを飲みながら「チャイニーズ・デモクラシー」を楽しめれば、こちらの関係もあちらの関係も全てサティスファクションですね。

☞ おさらいポイント

① 「嘘」について法律ではどのような定めがされていましたか？
② 「不法行為に基づく損害賠償請求」はどのような場合に認められますか？
③ 「パブリシティー権」はどのような権利でしょうか？
④ 「肖像権」はどのような権利でしょうか？
⑤ 「プライバシー権」はどのような権利でしょうか？

COLUMN ロックの玄人 河野吉伸の「この曲を聴け！」

　今回のケースが起こる要因となった約14年と約14億円をかけ14曲収録された17年ぶりのアルバム「チャイニーズ・デモクラシー」です。そのアルバムに収録された「キャッチャー・イン・ザ・ライ」（1951年に発表されたJ・D・サリンジャーの小説からインスパイアされて作られた曲）では、ゲストミュージシャンにクイーンのギタリスト、ブライアン・メイが参加したことが話題となりました。ただし、実際アルバムに収録された曲には、彼のプレイは収録されていないとのことで非常に残念でなりません……。いつか聴いてみたいですね、ブライアン・メイ バージョンの「キャッチャー・イン・ザ・ライ」。

- タイトル：チャイニーズ・デモクラシー
- アーティスト：ガンズ・アンド・ローゼズ
- ジャンル：ハードロック
- リリース：2008年11月23日
- 時間：71分25秒
- レーベル：ゲフィン・レコード
- 曲目：下記に記載

1．チャイニーズ・デモクラシー
2．シャックラーズ・リヴェンジ
3．ベター
4．ストリート・オブ・ドリームス
5．イフ・ザ・ワールド
6．ゼア・ワズ・ア・タイム
7．キャッチャー・イン・ザ・ライ
8．スクレイプト
9．リヤド・アンド・ザ・ベドウィンズ
10．ソーリー
11．I.R.S.
12．マダガスカル
13．ディス・アイ・ラヴ
14．プロスティテュート

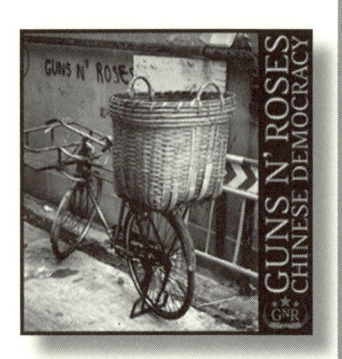

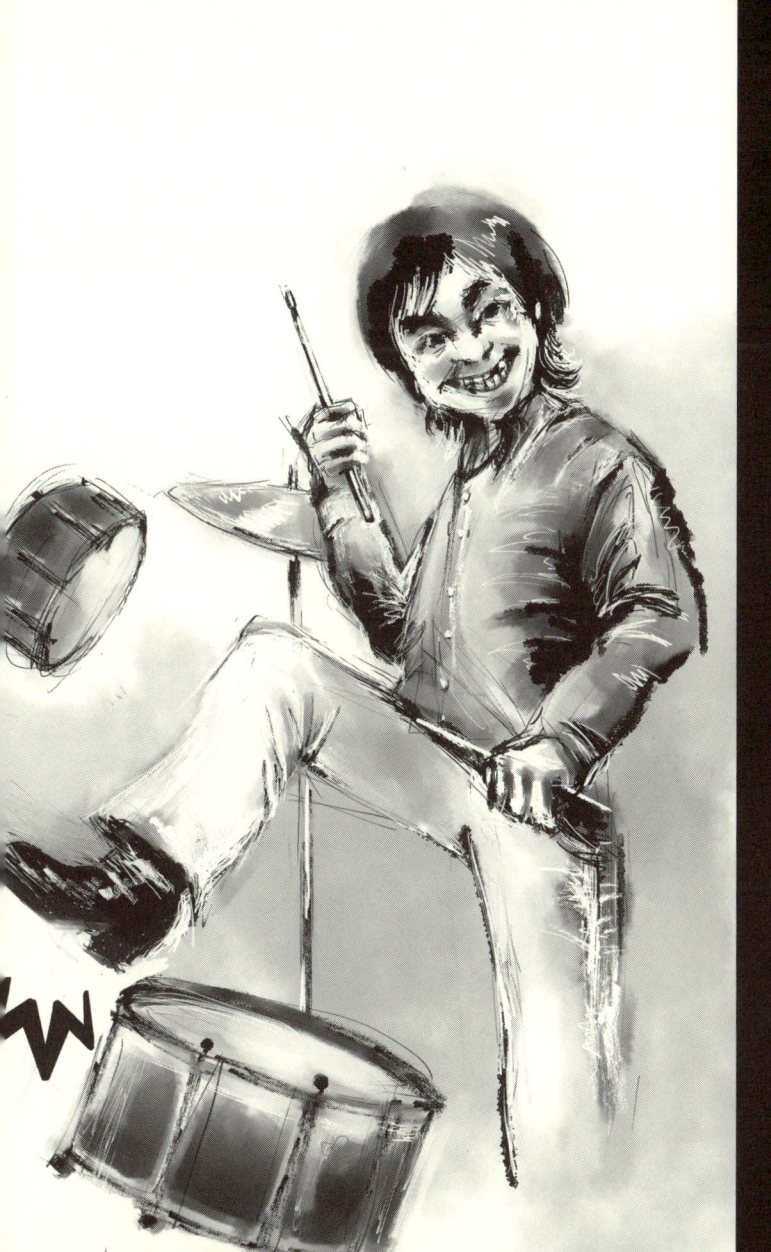

8 破壊王キース・ムーンが「壊しても大丈夫?」な理由

過失相殺(民法722条)

ここがポイント

これまで誰か1人に責任がある場合を扱いましたが、複数の人間に落ち度があった場合どうなるのでしょう。当事者それぞれの落ち度を調整する規定が法律に定められており、この章では、当事者の落ち度を斟酌する「過失相殺」という制度を学びます。

1 当事者のプロフィール

今回の当事者はキース・ムーン（Keith Moon：1946年8月23日生まれ。イギリス、ロンドン出身）さんです。

キース・ムーンさんは1964年にデビューしたイギリスを代表するバンド「THE WHO」のオリジナルメンバーで、ロック史上屈指の名ドラマーです。キース・ムーンさんのプレイスタイルは、現代のロックドラマーのスタイルに多大なる影響を与えているといわれています。また、キース・ムーンさんは生涯を通じて「壊し屋」としても知られており、ドラムセットに多量の火薬を仕込み、演奏終了時にドラムセットを爆破しこともありました。それによって、ピート・タウンゼントさんは聴力障害を負い、ベティ・ディヴィスさんは気絶してしまいました。また、とあるパーティーにてキース・ムーンさんの姿を見かけたローリング・ストーンズのミック・ジャガーさんは、騒動に巻き込まれるのが嫌でパーティーに出席せず逃げ帰ったという逸話もあるくらいです。そんなキース・ムーンさんですが、1978年9月7日、バディ・ホリーさんの生誕記念日パーティーに出席し、その帰宅後、アルコール依存症の治療の為に服用していた薬を過剰摂取してしまい急死してしまいました。享年32、早すぎる死でした。

2 ケース

友人宅で自分のバースデーパーティーを開催したムーンさん。「めっ

ちゃ、楽しい！」とハイになったムーンさんは、プールの脇に停めてあった友人のロールス・ロイスに乗りこみました。はしゃぎすぎたムーンさんはアクセルを踏み込み、**ロールス・ロイスごと友人宅のプールに突っ込んでしまいました**。結果、プールの壁が崩壊してしまい、ムーンさんは友人から修繕費用2000万円を請求される事態になってしまいました。

3 ケースの分析と解説

① ムーンさんの責任は？

　まずはムーンさんの責任を考えてみましょう。

　ご友人は、ムーンさんに対して、どのような根拠でどのような請求を行っていくことができるのでしょうか。

　ムーンさんの奇行で損害を被ったご友人としては、ムーンさんに対して「修繕費用の2000万円を支払ってくれ！」と言いたいところです。**ご友人とムーンさんとの間には契約関係はありません**ので、債務不履行に基づく損害賠償請求（民法415条）を根拠とすることはできません。

　契約関係がない相手に対して損害賠償請求する場合には何を根拠とすれば良いのでしょうか。これまでにも登場していますが、覚えていますか。そうですね。**契約関係がない相手に対して損害賠償を請求する場合には、不法行為に基づく損害賠償請求（民法709条）が根拠**になります。

　この不法行為に基づく損害賠償請求（民法709条）は法律家の実務でも非常によく使われる条文です。

　たとえば、「夫の浮気で離婚することになった。夫を許せないので、夫に慰謝料を請求してやる！」という場合の慰謝料請求という言葉を聞いたことがある人も多いのではないでしょうか。この慰謝料請求の根拠も実は民法709条の不法行為に基づく損害賠償請求権なのです。

　また、「交通事故にあって入院した。むちうちになったし……、これらの損害を相手に請求したい！」という場合の根拠も、民法709条の不法行為に基づく損害賠償請求権なのです。

さらに、「昨晩バーで飲んでいたら、酔っ払いに絡まれた。どうしてか、酔っ払いに殴られちゃって、眼鏡を壊された……。壊された眼鏡も弁償して欲しいし、殴られたから慰謝料も請求したい！」という場合の根拠も、民法709条の不法行為に基づく損害賠償請求権です。

ロック裁判所でも頻繁に登場する条文ですが、現実の社会でも頻繁に使用される条文なのです。私自身も、依頼者から「先生、これ何とか請求できませんか？」と尋ねられて、「ええと……そうですね。不法行為に基づく損害賠償請求（民法709条）なら何とかなるかもしれないし、ならないかもしれませんね……」と答えることが結構あります。ロック裁判所でも何度も登場していますが、「**困ったときの民法709条**」なのです。

さて、不法行為に基づく損害賠償請求が認められるためには、どのような要件が必要だったでしょうか。

不法行為に基づく損害賠償請求が認められるためには、①（不法行為者の）故意（わざと）又は過失（うっかり）、②（不法行為者が）他人の権利又は法律上保護される利益を侵害したこと、③損害が発生したこと、④発生した損害は故意又は過失に基づく他人の権利又は法律上保護される利益を侵害した行為に基づくこと（因果関係）の**4つの要件が全て充たされなければならない**ということでしたね（「7　ドクターペッパーがもらえないじゃないか？！　と詰め寄られたアクセル・ローズ」参照）。

それでは、今回のケースではどうでしょうか。ムーンさんはわざと（要件①）、ロールス・ロイスに乗ってプールに飛び込んでロールス・ロイスとプールの壁を破壊して（要件②）、修理費用2000万円の損害を与えてしまっています（要件③）。そして、以上の一連の流れは全て因果の流れで繋がっています（要件④）。したがって、**ムーンさんはご友人に対して不法行為に基づく損害賠償として2000万円を支払わなければならない**という結論が導かれそうですね。

図8-1 不法行為に基づく損害賠償請求（あてはめ）

	要件	あてはめ
民法709条	①（不法行為者の）故意又は過失	①ムーンさんはわざと
	②（不法行為者が）他人の権利又は法律上保護される利益を侵害したこと	②ロールスロイスに乗ってプールに飛び込んでロールスロイスとプールの壁を破壊して
	③損害が発生したこと	③修理費用2000万円の損害が発生
	④損害は①に基づく②によって発生したものであること	④上記の①～③は因果の流れでつながっている

	効果
不法行為に基づく損害賠償請求（民法709条）	ムーンさんは友人に2000万円を支払わなければならない？

② ムーンさんからの反論は？

　ムーンさんが自ら行った行為で相手に迷惑や損害を被らせたわけですから、損害を賠償するのもやむを得ないと考えられます。でも、少しでもムーンさんから反論はできないでしょうか。一歩進んで、この点について検討していきましょう。

　実際の交渉や裁判の実務でも利用される制度に、「**過失相殺**」という制度があります。ちなみに、この「相殺」という単語を「そうさつ」と読んでしまう人も多いのですが、法律上は「そうさい」と読みますので、この機会に覚えてください。

　過失相殺は、事故や事件によって生じた損害を当事者間で公平に分担するための制度です。事故や事件を引き起こす原因となったお互いの過失（うっかり／落ち度）を考えて、事故や事件によって生じた損害を公平に負担しましょうという考え方なのです。

　発生した事故や事件は、当事者の一方だけが悪くて引き起こされると

は限りません。当事者双方の過失（うっかり／落ち度）が重なりあって発生することも多いのです。お互いに落ち度があるのであれば、お互いの落ち度を考えて、それに応じて損害を分担し合いましょうという発想の制度が過失相殺なのです。

　不法行為に基づく損害賠償請求の場面での過失相殺については、民法722条2項に規定されています。**民法722条2項は「被害者に過失があったときは、裁判所はこれを考慮し、損害賠償の額を定めることができる」**と規定しています。すなわち、「うっかりやっちゃった奴も悪いよね。だけど、うっかりやられちゃった奴も悪いとこがあるんじゃないの？　それなら、お互いのうっかりの程度に応じて、公平に解決したらベターだね」という制度なのです。

　それでは今回のケースで考えてみましょう。

　たしかに、ロールス・ロイスを突っ込ませてプールを壊したのはムーンさんです。ムーンさんに原因があることは誰がみても明らかです。

　ですが、ご友人ならムーンさんがどんな性格かも重々承知しているはずですし、ムーンさんの日頃の言動も承知しているはずです。たとえば、二日酔いでスタジオに来てミキサー卓にゲロをぶちまけたり、何かのパーティーの際にリンゴ・スターを差し置いて真顔でビートルズに入れろと言ったり、自宅から僅か500メートルのパブに行くのにヘリコプターを飛ばしたり、酔っぱらってマンホールに落ちて一晩マンホールの中で過ごしたり、ナチス・ドイツの制服を着てユダヤ人街を練り歩いたりと、ムーンさんの奇行は枚挙に暇がありません。

　しかもムーンさん自身の誕生日会であれば、なおのこと「A Quick One」では済まないはずなのです。

　きっとムーンさんは終始テンションもあがりっぱなしだったのではないでしょうか。そんなボルテージ最高潮のムーンさんの目の届くところに、高級車の代名詞であるロールス・ロイスを置いてしまっていたら……。しかもムーンさんが動かせたということは、物騒にも鍵をつけっぱなしにでもしていた可能性が高いのではないでしょうか。はたまた、サイド

ブレーキを引いていなかった可能性もあるかもしれませんね。ましてや、車止めの設置などの措置も講じていなかったのではないでしょうか。

　ムーンさんの日ごろの言動を承知しているご友人であれば、目前に迫りくる危険の波を察知することができたはずなのです。そして、危険を察知することができたのであれば、事故が起きないように配慮することもできたはずなのです。そういう観点からしますと、**今回の事故は招くべくして招いた事故とも言えなくはない**と思われます。世の中には沢山の事故がありますが、今回のケースだけは、どうしても起こるべくして起こった事故という印象が拭えません。

　つまり、ご友人は、「ムーン君ならやりかねないな！」ということを予め想定し、ムーンさんの誕生日会を自宅（この場合は友人宅）で開催しない、ロールス・ロイスの鍵をつけっぱなしにしない、もしくはムーンさんには車の鍵を渡さない、ムーンさんの視界に入る場所にロールス・ロイスを置かないなどの対策を講じる必要があったのではないでしょうか。

　そこまでしても、それでもプールを壊されたのなら、ご友人も2000万円全額をムーンさんに請求できるかもしれませんが、ご友人にも措置を講じていないという落ち度があったのではないかと考えられるわけですから、全額の請求は認められません。

図8-2　過失相殺

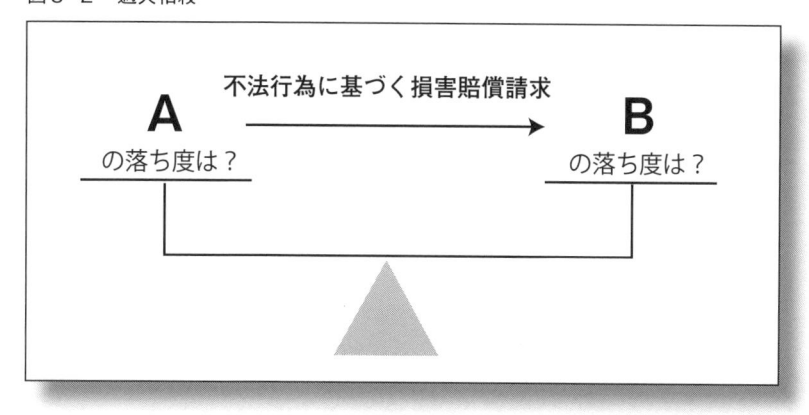

というわけで、もし私がムーンさんから弁護の依頼を受けた場合には、そのあたりの事情をあれこれと考えて、最終的には、ご友人VSムーンさんの過失割合を調整して欲しいと主張したいと思います。

どうでしょうか。かなり無理筋な主張だと言うことは承知してはおりますが……いかがでしょうか。いずれにしても、過失相殺のイメージについては、ご理解いただけたのではないでしょうか。

4 今回のケースで使用した法律

今回は不法行為に基づく損害賠償請求のあてはめと、過失相殺について検討しました。繰り返しになりますが、不法行為に基づく損害賠償請求は本当によく使う条文ですので、今一度しっかりと復習しておいていただきたいと思います。また、過失相殺については、本文中ではムーンさんの無理筋な話を展開しましたが、具体的なイメージを持っていただけたのではないかと思います。事故やトラブルが起きて、誰かから不法行為に基づく**損害賠償を請求された場合には、過失相殺という制度があること**を想い出してください。事故やトラブルの原因が必ずどちらか一方にしかないということは稀です。多くの事故やトラブルはお互いに落ち度があって起きるものなのです。

> ●民法709条（不法行為に基づく損害賠償請求）
> 故意又は過失によって他人の権利又は法律上保護される利益を侵害した者は、これによって生じた損害を賠償する責任を負う。
> ●民法722条2項（過失相殺）
> 被害者に過失があったとき、裁判所はこれを考慮して、損害賠償の額を定めることができる。

5 まとめ 弁護士奥山倫行の「これで、サティスファクション」

　ロックの世界ではとかく物(ブツ)が壊されがちです。個人的な話で恐縮ですが、私自身も以前家に遊びに来たロッカーの友人に、ギターのネックを折られたという苦い経験を有しています。ですので、私自身も家にロック関係者を呼ぶときは、突然の破壊行為を予測して家具の配置や備品の設置状況などにも、十分に気を配る必要があると感じています。

　ひょっとしたら、ロックという音楽がそのようにさせるのかもしれません。また、バンドでメンバーと一緒にいるとどうしても停滞したムードに包まれるときがあります。そのときに**誰かが必ず奇行をします**。この奇行がバンドメンバーの結束につながるのか、何なのかはよくわかりませんが、奇行が起きがちなのです。この奇行のおかげで、良い作品が生まれたり、良いパフォーマンスが生まれたり、停滞したムードが瓦解したりと、バンドは良い方向に進んでいくのだとも思います。奇行はバンドの潤滑油。そんな言葉も決して言いすぎではないのかもしれません。

　ただ、その奇行がバンド内の出来事であれば問題はありません。問題は、奇行がバンド内の出来事では終わらずに、第三者を巻き込んでしまうようなケースです。このようなケースは大いに問題があります。今回のケースもまさにムーンさんの奇行によって第三者が迷惑と損害を被っているわけです。まさか高級車の代名詞であるロールス・ロイスでプールに飛び込む輩がいるとは……と思わなくはありませんが、それはムーンさんなので仕方がありません。

　通常であれば、友人関係であっても、ムーンさんにしっかりと損害を賠償して貰い、今回のケースを反省して貰いたいところです。その際には不法行為に基づく損害賠償請求（民法709条）という形で、ご友人はムーンさんに請求していくことになります。他方で、ムーンさんとしては「友人にも落ち度がある！　俺だけの責任じゃないんだ！」ということを言っていきたいところです。そこで登場するのが過失相殺（民法722条2項）でした。

世の中に起きるトラブルや事故には原因があります。原因を作ったのは誰なのかということを考えると、必ずしも加害者だけに責任があるとは限りません。被害者にも事故やトラブルを引き起こした責任があったり、損害を拡大させてしまった責任があったりするものです。そういったお互いの責任を考えて、損害を公平に分担しましょうというのが過失相殺の考え方なのです。

　そしてもう1つ。突然のトラブルや事故に巻き込まれたときに、必ず自分の落ち度を見直すようにしてください。自分の落ち度は何だったのかを考えることで、事態を冷静に受け止めることができるようになりますし、気持ちも落ち着いてきます。そのようにして気持ちを落ち着けた上で、相手とその後の話を進めた方が、無駄にこじれることなく妥当な解決に辿りつけるように思います。

　今回のケースですが、ロック好きであれば、いっそのことムーンさんに壊されたプールを公開して、「ムーンさんが破壊に使用したロールス・ロイスと崩壊した壁」とタイトルをつけて名所とし、修繕費用以上に稼がれてはいかがでしょうか。事故やトラブルに巻き込まれたことはどうしようもありません。事故やトラブルが起きる前に時間を戻すことはできないからです。そうであれば前を見て、転んでもただでは起きないといいますか、**前向きに起きあがるための発想をもてると事態は思わぬ方向に進んでいくもの**です。そのような考え方を持てるようになれば、きっと誰もがサティスファクションですね。

☞ **おさらいポイント**

①離婚の慰謝料請求の根拠はどのようなものでしょうか？
②「過失」とは何でしょうか？
③「過失相殺」について理解できましたか？

COLUMN ロックの玄人 河野吉伸の「この曲を聴け！」

　今回のケースにぴったりくる曲は、キース・ムーンが在籍したザ・フーの「マイ・ジェネレーション」。ザ・フーがテレビ番組「スマザーズ・ブラザース・ショー」に出演したとき、彼はドラムセットに火薬を多量に仕込み、「マイ・ジェネレーション」の演奏終了時に爆破させ、ピート・タウンゼントは聴力障害を負ったという有名なエピソードがありますね。ちなみに、この曲が収録されたアルバム「マイ・ジェネレーション」は、1965年に発売されたザ・フーのデビューアルバムです。意外にもCD化されたのはごく最近の事で、プロデューサーのシェル・タルミーとの確執から、長年CD化されていませんでした。このアルバムのキース・ムーンのドラミングは最高です。ロックファンには必聴の1枚です。

- タイトル：マイ・ジェネレーション
- アーティスト：ザ・フー
- ジャンル：ロック
- リリース：1965年12月3日
- 時間：36分13秒
- レーベル：ユニバーサル・ミュージック・ジャパン
- 曲目：下記に記載

1. アウト・イン・ザ・ストリート
2. アイ・ドント・マインド
3. ザ・グッズ・ゴーン
4. ラ・ラ・ラ・ライズ
5. マッチ・トゥー・マッチ
6. マイ・ジェネレーション
7. キッズ・アー・オールライト
8. プリーズ・プリーズ・プリーズ
9. イッツ・ノット・トゥルー
10. アイム・ア・マン
11. ア・リーガル・マター
12. ジ・オックス

9 ジョニー・ロットンが「勝手にしやがれ」と言わなければ

幸福追求権（憲法13条）／法の下の平等（憲法14条）

ここがポイント

実際のトラブルや紛争の場面では民事手続と刑事手続は一緒に進行していくことが多いものです。この章では、「セクハラ」を題材として、「行為の仕分け」を行いながら、民事手続と刑事手続がどのように絡み合っていくのかを学んでいきましょう。

1 当事者のプロフィール

今回の当事者はセックス・ピストルズ（Sex Pistols）のジョニー・ロットン（Johnny Rotten）ことジョン・ライドン（John Lydon：1956年1月31日生まれ。イギリス、ロンドン出身）さんです。ジョン・ライドンが氏名で、ジョニー・ロットン（「腐れのジョニー」）は愛称ですね。

セックス・ピストルズは1977年にデビューしたロンドン・パンク・ムーブメントを代表するバンドです。社会風刺の効いた過激でストレートなメッセージ性豊かな歌詞により、ロックが本来持つ反社会性を甦らせました。シンプルなロックンロールに反体制的な歌詞を載せて、また、斬新なファッションや度重なるセンセーショナルな奇行など、現在に至るパンク・ロックの原形と称されるバンドです。

また、特に自国の王室や政府、大手企業を名指しで攻撃したことが有名です。そのセックス・ピストルズのリードヴォーカルがジョニー・ロットンさんですね。

2 ケース

今回のケースは2007年、セックス・ピストルズのヴォーカル、ジョニー・ロットンさんが、アメリカのテレビ番組「Bodog Battle Of The Bands」に審査員として出演した際の出来事です。番組のアシスタント・プロデューサーの女性が用意したホテルが気に入らないと言って、ロットンさんは彼女を殴ってしまいました。また、ロットンさんのマ

ネージャーが、彼女のことをかなり口汚く罵ったようです。このときには刑事事件にはなりませんでしたが、彼女はロットンさんサイドを暴力とセクハラで、ロサンゼルスの裁判所に訴えました。

3 ケースの分析と解説

① 暴行と傷害の違い？

今回は、番組の女性アシスタント・プロデューサーが用意したホテルが気に入らないと暴力をふるったり、暴言を吐いたり、そして挙句の果てにセクハラで訴えられたロットンさんの運命は如何に？ という衝撃的なケースですが、このように**色々な行為をしている場合には行為を1つずつ切り分けて検討していく**という視点が必要です。

既に「当事者の仕分け」については、前章と前々章で説明させて頂きましたが、「行為の仕分け」を行うという視点も重要なのです。どうしても紛争やトラブルが発生した場合には、当事者関係が入り組んでいたり、複数の行為が絡み合っていたりするものです。そのような事案を適切に把握して的確にトラブルや紛争を解決に導いていくためには「当事者の仕分け」とともに「行為の仕分け」を行いながら、事例を正確に把握して、事態を正しく分析することが解決のためのスタートラインになるわけです。

それでは今回のケースで考えていきましょう。

今回のケースでロットンさんは2つの行為をしています。1つはプロデューサーの女性を殴った行為、もう1つはプロデューサーの女性を口汚く罵った行為です。まずはその2つの行為に切り分けて、それぞれを検討していきます。

それぞれの行為ごとに順番に検討していきましょう。

まず、ロットンさんがプロデューサーの女性を殴った行為です。この場合には民事事件と刑事事件の両方を検討しなければなりません。民事事件と刑事事件については、**図9-1（民事事件と刑事事件）**に違いを

まとめましたので、そちらをご確認いただければと思います。

同じ1つの行為でも民事事件にもなれば、刑事事件にもなる場合があります。1つの行為に対して、民事上の責任と刑事上の責任という2つの責任が発生してしまうことも多いのです。このような場合には1つ責任だけではなく、2つの責任のそれぞれを検討していくことが必要になります。

それでは、刑事事件の方から検討していきたいと思います。刑事事件というのは犯罪のことです。人を殴った場合、殴った人にはどのような犯罪が成立するのでしょうか。

人を殴った場合には暴行罪（刑法208条）が成立します。**刑法208条は「暴行を加えた者が人を傷害するに至らなかったときは、2年以下の懲役若しくは30万円以下の罰金又は拘留若しくは科料に処する」**と規定しています。暴行というのは、法律上は「人の身体に向けられた有形力の行使」と定義されることが多いのですが、要は他人に暴力をふるうことです。殴ったり蹴ったり頭突きしたりするのが暴行です。そして暴行したけど相手は怪我しなかった場合には暴行罪（刑法208条）が適用されることになります。

図9-1　民事事件と刑事事件

	当事者	目的（イメージ）	手続の内容	基本となる法律
民事手続	私人VS私人（＊参照）	私人間のトラブルの解決	人と人、会社と人、会社と会社などの私人の間の紛争を解決するための手続	民法 民事訴訟法
刑事手続	国家VS私人	ある行為が社会秩序を乱した場合に、その行為を行った人に対し国家権力が罰を与える	起訴された被告人が犯罪行為を行ったのかどうか、刑罰を科すべきかどうか等について判断するための手続	刑法 刑事訴訟法

＊国家賠償請求等は私人ＶＳ国家

それでは、暴行によって相手が怪我してしまった場合はどうなるのでしょうか。

　人を殴って更にその人に傷害を負わせてしまった場合には傷害罪（刑法204条）が成立します。**刑法204条は傷害罪について「人の身体を傷害した者は、15年以下の懲役又は50万円以下の罰金に処する」**と規定しています。法律上、傷害は「人の生理的機能を害すること」と定義されることが多いのですが、要は相手を怪我させたり病気にさせたりしてしまうことです。もう少し詳しく説明しますと、相手に風邪をうつしたり、病気をうつしたりすることも傷害に入ります。怪我をさせる場合だけではなく、人に病気をうつしたりして生理的機能を害する場合も含むので「人の生理的機能を害すること」が傷害だと考えられています。生理的機能というのは、通常の人間としての生活をしていくために必要とされる普通の正常な機能のことです。

　要は人を殴っても怪我させなければ暴行罪（刑法208条）、人を殴って怪我させてしまうと傷害罪（刑法204条）ということです。「何だ、その程度か」とお感じになる方もいらっしゃるかもしれませんが、**実は、刑事弁護実務上、被疑者が暴行罪（刑法208条）で罪に問われるか、傷害罪（刑法204条）で罪に問われるかには、極めて大きな違いがあります**。弁護士としては、相談者から「人を殴ってしまって……弁護してください」という話を聞いたときには、何とか暴行罪（刑法208条）に留まるように、殴られた被害者との示談活動などを進めながら懸命に弁護活動を行っていくことになります。

　なぜなら、暴行罪（刑法208条）と傷害罪（刑法204条）の法定刑には大きな差があるからです。暴行罪（刑法208条）の法定刑は「**2年以下の懲役若しくは30万円以下の罰金又は拘留若しくは科料**」ですが、傷害罪（刑法204条）の法定刑は「**15年以下の懲役または50万円以下の罰金**」です。法律上は、傷害罪の刑の方が暴行罪の刑よりも圧倒的に重たい罰が課せられているのです。図9-2（暴行罪と傷害罪の区別）にまとめましたのでご覧ください。

図9-2　暴行罪と傷害罪の区別

人を殴る・蹴る	怪我	結果
○	×（怪我しない場合）	暴行罪（刑法208条）
○	○（怪我した場合）	傷害罪（刑法204条）

人を殴ったり蹴ったりして相手を怪我をさせた場合には傷害罪
→15年以下の懲役又は50万円以下の罰金

人を殴ったり蹴ったりして相手を怪我させない場合には暴行罪
→2年以下の懲役若しくは30万円以下の罰金又は拘留若しくは科料

　同じように相手を殴った場合なのに、相手に傷害の結果が生じたかどうかで、法定刑が大きく変わってくるわけです。そして、注意しなければいけないのは、大抵のケースでは、大人が相手を殴ったり蹴ったりすれば、体のどこかは傷つくというのが普通だということです。**「傷害を負った」ということを証明する手段は病院でもらう診断書**です。たとえば、顔を殴られた相手が病院に行って「昨日殴られて……、顔が痛いんですよね……」と医師に相談すると、医師は「それは大変でしたね……、それではちょっと診てみましょう……」などと言いながら診察して全治1週間とか全治2週間とかの診断書がすぐにできあがってしまいます。

　他方で、殴られたり蹴られたりした相手が、少しでも許してくれれば、怪我していても傷害罪（刑法204条）ではなく、暴行罪（刑法208条）で済む場合もあります。

　このような場合は、まさに弁護士の腕の見せ所です。弁護士は、自分の依頼者が怪我をさせてしまった相手に対して、依頼者の代わりに依頼者の謝罪の意思を伝え、何とか示談を進めます。その際に、できれば被害申告だけでも取り下げて貰えれば良いのですが、そうならない場合でも、少しでも軽い刑になるように躍起になって示談交渉を進めたりするのです。

今回のケースを見てみますと、ロットンさんは相手の女性を殴っています。この段階でロットンさんには暴行罪（刑法208条）が成立します。また、相手の女性が怪我していればロットンさんには傷害罪（刑法204条）も成立する可能性があるわけです。殴った相手が怪我していれば傷害罪（刑法204条）、怪我していなければ暴行罪（刑法208条）と考えてください。いずれにしても、ロットンさんは、手を出してしまったのがまずかったですね。ロットンさんの弁護士は、懸命になって相手の女性に掛け合い、相手の女性から許しを得て示談で納めるために、汗を流すことになるわけです。

　さて、ここまでは刑事事件の話ですが、**民事事件についても検討が必要です**。人を殴って怪我をさせてしまった場合には、お馴染みの条文ですが、**不法行為に基づく損害賠償請求（民法709条）**の話になります。殴られた方は、悔しい思いをしたでしょうし、実際に怪我をして入院や通院を余儀なくされたかもしれませんし、それによって日常生活において様々な苦痛を味わうものです。したがって、このような**精神的な苦痛を損害**として金銭的に評価して、加害者は被害者に対して支払いをしなければいけません。ロットンさんは、刑事事件だけではなく、暴行や傷害に関する民事事件でも償いをしなければならないのです。

② セクハラとは？

　次に、プロデューサーの女性を口汚く罵った行為について検討していきましょう。ここで検討しなければならないのがいわゆる「セクハラ問題」です。セクハラ問題は日常の様々なところに潜んでいます。
　そもそもセクハラとは何でしょうか。
　セクハラというのは、セクシャル・ハラスメントの略語です。裁判実務上の定義はマチマチですが、「**相手の意に反する性的な言動で、それに対する対応によって、仕事を遂行する上で一定の不利益を与えたり、就業環境を悪化させたりすること**」といった内容で説明されるのが一般的です。

図9-3　セクハラの定義

セクハラの定義	
①	相手の意に反する性的な言動で
②	それに対する対応によって
③	仕事を遂行する上で
④	一定の不利益を与えたり
⑤	就業環境を悪化させたりすること

上記①〜③が全て認められた上で、
④又は⑤のいずれか若しくは双方が認められれば
セクシャル・ハラスメントと考えられる

　問題になるのは「相手の意に反する性的な言動」という要件です。たとえば、スマートでナイスミドルな課長Aさんが下ネタを話したとしてもセクハラにはあたらないけど、メタボで髪の毛が寂しい課長Bさんが同じ内容の下ネタを話したらセクハラにあたるということも起こり得ます。この「相手の意に反する」という言葉によって、受け手の気持ち次第でセクハラになったり、セクハラにならなかったりするので、実務上も問題になる場面が多いのです。
　セクハラは定義内容が曖昧かつ包括的なため、捉え方によって、セクハラに該当するかどうかの判断には、相当の幅がでてくることになります。不平等に感じている方も多いのではないでしょうか。そして一概にセクハラといっても、実際には色々な形態があるということで、実務上は地位利用型（上司が部下に下着の色を聞くとか）や環境型（PCのスクリーンセーバーがヌード写真とか）といった分類がなされて、整理がされたりもしています。
　セクハラによって精神的な苦痛を被った場合には、不法行為に基づく損害賠償請求（民法709条）によって、セクハラをした人は相手に損害賠償をしなければならなくなります。

ロットンさんもプロデューサーの女性に与えた損害を賠償しなければいけなくなります。損害の額はプロデューサーの女性が被った精神的苦痛の程度によって決定されることになります。

③ セクハラは当事者の問題だけではない！

そして、**職場でのセクハラは、当事者だけの問題ではなく、会社としての問題にも発展していく場合が多いので、この点にも注意が必要です。**

今回のケースでも、ロットンさんがプロデューサーの女性に損害賠償を行えば、それで解決する話ではありません。ロットンさんのマネジメント会社等も訴えられる可能性があります。実際に職場でセクハラが起きたときには、当事者だけではなく、セクハラをした人が勤めている会社も一緒に訴えられるケースが多いように思います。

セクハラ問題に関して会社が責任を負う根拠は、民法715条です。**民法715条1項は「ある事業のために他人を使用する者は、被用者がその事業の執行について第三者に加えた損害を賠償する責任を負う。ただし、使用者が被用者の選任及びその事業の監督について相当の注意をしたとき、又は相当の注意をしても損害が生ずべきであったときは、この限りでない」**と規定しています。つまり、セクハラをした行為者だけではなく、その行為者を雇い入れている使用者にも責任が生じる場合があるのです。

本来であれば、セクハラをした人が不法行為責任を負えば足ります。しかし、「利益あるところに責任あり」（報償責任）とか「他人を使用して危険な事業を営む者は重い責任を負う」（危険責任）といった考えから、セクハラをした人を雇っていた人（＝使用者）も不法行為責任を負うとされています。

ただ、全ての場合において会社や事業者といった使用者が責任を負わなければならないわけではありません。使用者がセクハラをした人の配置や職場での生活態度等を十分に監督していた場合には、使用者は責任を逃れることができるとされています。

図9-4　使用者責任（民法715条1項）

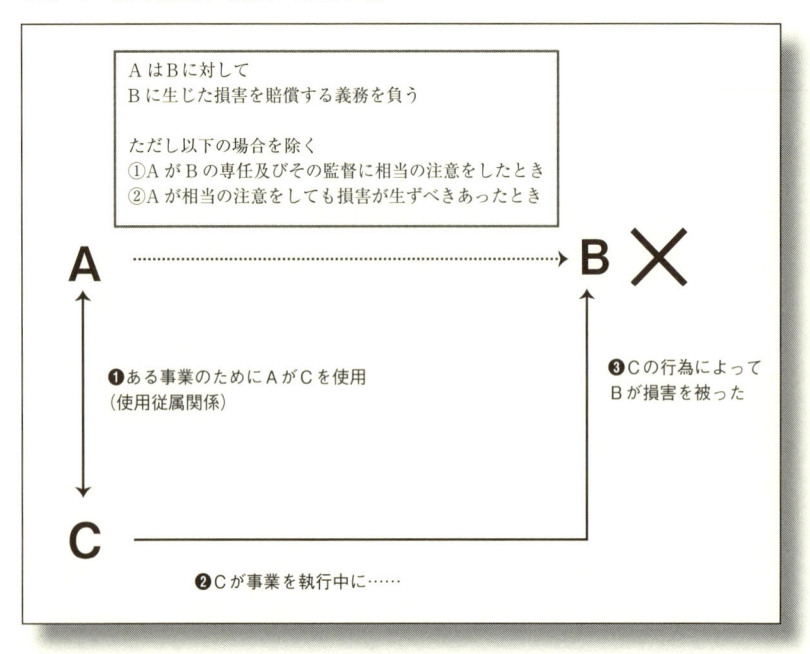

```
AはBに対して
Bに生じた損害を賠償する義務を負う

ただし以下の場合を除く
①AがBの専任及びその監督に相当の注意をしたとき
②Aが相当の注意をしても損害が生ずべきあったとき
```

A ────────────────→ B ✕

❶ある事業のためにAがCを使用
（使用従属関係）

❸Cの行為によって
Bが損害を被った

C ──────────────────┘

❷Cが事業を執行中に……

　この民法715条（使用者責任）の規定により、セクハラは単に当事者間での話では済まず、会社も巻き込んだ大問題に発展していく場合が多いのです。
　会社は「社員がやったことだから知りません」という無責任な態度を決め込むことができなくなるのです。**実際に今回のケースでは、ロットンさんだけでなく所属しているマネジメント会社ごと訴えられてしまっています。**

④ セクハラで人生を棒に振る……

　さらに、セクハラの行為の内容によっては、刑事上の問題も生じ得ます。**刑法223条は強要罪の規定ですが「生命、身体、自由、名誉もしくは財産に対し害を加える旨を告知し、または暴行を用いて、人に義務の無いことを行わせ、または権利の行使を妨害したものは、3年以下の

懲役」とされており、セクハラ行為の内容によってはこの規定に該当して刑事責任を問われる可能性があるわけです。

⑤ セクハラ事件の実際

ちなみに、実際にセクハラで訴えるというのは大変勇気のいることです。たとえば、同じ会社の社員同士だったりすると、訴えたあとに二次被害が生じることもよくあります。それでも声をあげて「セクハラだ！」という人は、かなりの覚悟をしているはず。つまり「相当に嫌な思いをしていた。相当思い悩んだ挙句に……」という場合が多いように感じます。

同時に、冤罪が多いというのもセクハラトラブルの1つの特徴です。冒頭のセクハラの定義の説明からも明らかですが、そもそもセクハラになるかどうかは当事者の関係性によるところも大きく、当事者の人間関係がうまくいっていればあまり問題にされないようなことが多いようにも思います。まずは、①自分を知ることです。次に、②相手方の気持ちを考えることです。その上で、③自分が考えた①②が自分だけの勘違いであり「セクハラだ！」と言われる可能性を考慮します。

そういったリスクを理解した上で、それでも敢えて危うい橋を渡るのかどうか、男性（女性も）は常に岐路に立たされているわけです。奥さんや恋人以外を相手に性的な発言や言動をする場合には、**常に背水の陣の覚悟で臨む必要があります**。それが21世紀に生きる私たちの使命なのだと思います。

4 今回のケースで使用した法律

今回のケースの分析を通して「行為の仕分け」をはじめて行い、暴行罪（刑法208条）と傷害罪（刑法204条）の区別、そして、セクハラに関連する法律（民法715条、刑法223条）を学びました。セクハラについては、セクシャル・ハラスメント禁止法とかセクシャル・ハラスメン

ト防止法といった名称の法律があるわけではありません。民法や刑法など既存の法律を使いながらセクハラ問題を解決していく必要があるのです。転ばぬ先の杖として、転んだ後の特効薬として、この機会にしっかりとマスターしておいてください。

●刑法204条（傷害罪）
人の身体を傷害した者は、15年以下の懲役又は50万円以下の罰金に処する。

●刑法208条（暴行罪）
暴行を加えた者が人を傷害するに至らなかったときは、2年以下の懲役若しくは30万円以下の罰金又は拘留若しくは科料に処する。

●民法715条（使用者等の責任）
1. ある事業のために他人を使用する者は、被用者がその事業の執行について第三者に加えた損害を賠償する責任を負う。ただし、使用者が被用者の選任及びその事業の監督について相当の注意をしたとき、又は相当の注意をしても損害が生ずべきであったときは、この限りでない。
2. 使用者に代わって事業を監督する者も、前項の責任を負う。
3. 前2項の規定は、使用者又は監督者から被用者に対する求償権の行使を妨げない。

●刑法第223条（強要罪）
1. 生命、身体、自由、名誉若しくは財産に対し害を加える旨を告知して脅迫し、又は暴行を用いて、人に義務のないことを行わせ、又は権利の行使を妨害した者は、3年以下の懲役に処する。
2. 親族の生命、身体、自由、名誉又は財産に対し害を加える旨を告知して脅迫し、人に義務のないことを行わせ、又は権利の行使を妨害した者も、前項と同様とする。
3. 前2項の罪の未遂は、罰する。

5 まとめ 弁護士奥山倫行の「これで、サティスファクション」

　ロックの世界では、とかく暴力沙汰が起きがちです。「ロックなんだから、ライブ会場や打ち上げの会場で殴り合いが始まるのはよくある光景だ」程度に考えている人は要注意です。

　単純に「喧嘩」程度では済まないことも多いのです。社会人である以上、思っているよりも簡単に刑事事件に発展する可能性があるのです。私自身もこれまでの弁護士人生の中で「頭に血がのぼったから」「飲み過ぎて覚えてなくて」「今考えるとホント行き過ぎた行為でした……」など、留置場の接見室のアクリル板越しにそのような言葉を発する、うなだれたロッカーに何度も面会してきました。

　頭に血が上って暴行を振う場面は一瞬の出来事かもしれません。ですが、**私が留置場に面会に行ったほぼ100％の人が後悔の言葉を発します**。刑事事件になってしまうと、それまで懸命に築きあげてきたものが一瞬で台無しになってしまう可能性が生じます。たとえば、職場や家庭での信用、親や兄弟や友人や仲間や恋人からの信頼、これまで歯を食いしばって頑張ってきた日々、そういったものが全て台無しになってしまいます。また、それだけではありません。殴った自分だけの問題で済むのであれば良いのですが、暴力は身体の傷だけではなく、心の傷を与えてしまうことも多いのです。身体の傷は全治1週間や2週間、酷い場合でも数カ月で治るかもしれませんが、心の傷は一生治らないかもしれません。あなたの軽率な行動が取り返しのつかない事態を引き起こす可能性があるのです。

　是非とも「暴力こそがロックだ！」「破壊こそロックだ！」「気に入らない奴はぶん殴れ！」なんて気持ちは悔い改めていただきたいと思います。法治国家では暴力や破壊は、あなたにとっても、周りにとっても、ろくでもない結果を招きます。

　また、ロックの世界ではとかくセクハラ問題も浮上しがちです。しかし大切なのは人間関係です。言い掛かりのような主張は許されるべきで

はありませんが、被害を受けたと感じている人に与えた心の傷は深刻なものです。セクハラかどうかの線引きは非常にデリケートで、受け手の印象次第だと言われています。それまでの関係性や立場が大きく影響しますので、「**勝手にしやがれ!!**」などと言わず、常に自分自身への理解と相手への配慮を怠らないようにしましょう。

　これまで何件もセクハラ問題の弁護活動をしています。その都度感じることなのですが、セクハラの被害者も、セクハラの加害者も、またそれぞれの家族や周囲の人も、セクハラ問題が起きると誰一人として幸せになる人はいません。暴行による犯罪よりも深刻な心の傷を生んでしまう、それがセクハラ問題なのです。是非とも「セクハラこそがロックだ！」「ロックの世界にはセクハラなんて存在しない！」「欲望のままに生きるんだ！」なんて気持ちをお持ちでしたら、それも大至急悔い改めていただきたいと思います。好意を寄せるのは自由ですが、相手の意志や都合を無視して、身勝手な態度や行動を示すのはよくありません。ロッカーといえど法治国家の住人なのですから、決められたルールの中で、社会秩序を守って暮らすことが求められているのです。

　いずれにせよ、**軽率かつ浅はかな「セックス＆バイオレンス」はもはやロックではありません**。それはロックとは関係のない、ただの事件です。民事事件にもなれば、刑事事件にもなります。決して「セックス＆バイオレンス」を標榜して、軽率かつ浅はかな行動をとることのないよう襟を正していただきたいと願います。そのあたりを心に留めて暮らしていただければ、きっと誰もがサティスファクションです。

おさらいポイント

① 暴行罪と傷害罪の違いはわかりましたか？
② 「セクハラ」とはなんでしょうか？
③ 「使用者責任」とは何でしょうか？
④ 強要罪とは何でしょうか？

COLUMN ロックの玄人 河野吉伸の「この曲を聴け！」

　今回ご紹介したいアルバムは、セックス・ピストルズの「勝手にしやがれ！！」です。1977年10月にヴァージン・レコードより発売となったアルバムで、バンドは翌年に解散したため、デビューアルバムにして唯一のオリジナル・アルバムとなった作品です。全英チャートで1位を獲得。アメリカでは発売当初トップ100にも入りませんでしたが、なんと発売から10年後の1987年にゴールド・ディスクに輝くというロングセラーな一枚でもあります。このアルバムは、パンクロックムーブメントの全てを凝縮したような作品。もし、このアルバムが発売されていなければ、その後のロックシーンは今とは変わっていたかもしれません。

- タイトル：勝手にしやがれ！！
- アーティスト：セックス・ピストルズ
- ジャンル：パンクロック
- リリース：1977年10月28日
- 時間：38分
- レーベル：ユニバーサル・ミュージック・ジャパン
- 曲目：下記に記載

1．さらばベルリンの陽
2．ボディーズ
3．分かってたまるか
4．ライアー
5．ゴッド・セイヴ・ザ・クイーン
6．怒りの日
7．セブンティーン
8．アナーキー・イン・ザ・U.K.
9．サブミッション
10．プリティ・ヴェイカント
11．ニューヨーク
12．拝啓EMI殿

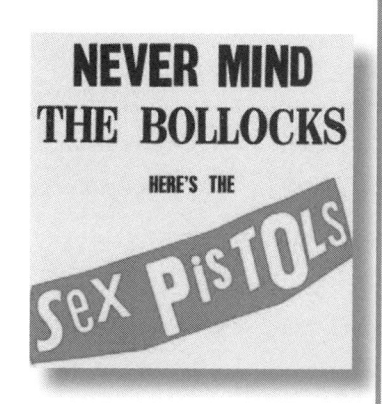

10 ポール・マッカートニーのハロー・グッバイ

離婚制度（民法710条ほか）

ここがポイント

この本の読者の中には将来弁護士になることを目指して勉強されている方も多いと思いますが、法学部に入ったり、弁護士になると最初の頃に相談を受けるのが離婚問題ではないでしょうか。この章では、誰もが一生の中で何らかの関わりを持つ離婚問題について学びます。

1 当事者のプロフィール

今回の当事者はポール・マッカートニー（Paul McCartney：1942年6月18日生まれ。イギリス、リヴァプール出身）さんです。

ポール・マッカートニーさんは言うまでもなく、ザ・ビートルズのベーシストであり、1997年にナイトの称号を与えられたロック界の重鎮です。現在もなお、音楽活動を精力的に行っています。ギネス・ワールド・レコーズには、「ポピュラー音楽史上最も成功した作曲家」として認定されています。

2 ケース

前妻のリンダさんを病気で亡くしたマッカートニーさん。その心にぽっかり空いた穴を埋めてくれたのが、地雷の撲滅運動などの活動をしている、モデルのヘザー・ミルズさんでした。マッカートニーさんは、彼女とめでたく2002年に再婚します。2人の間には娘も生まれましたが、ミルズさんは地雷撲滅の使命を負って世界を駆け巡る人、他方でマッカートニーさんは家庭を第一に生活したいと願う人でした。そんな2人の気持ちはすれ違うようになり、口論も多くなります。結局、離婚協議になり、裁判所はマッカートニーさんからミルズさんに対し、日本円にして47億円の慰謝料を支払うよう命じました。

3 ケースの分析と解説

① 離婚に際して決めておくべきこと

今回のケースは離婚事件です。

離婚というと、役所に離婚届を提出して、離婚届が受理されれば離婚が成立して、それで終わりとお考えの方も多いものです。離婚に際して夫婦間で決めるべきことは沢山あります。

まずは、図10-1（**離婚に際して決めなければならないこと**）をご覧いただけますでしょうか。

離婚する際には、子どもに関することや金銭や財産に関することを決

図10-1 離婚に際して決めなければならないこと

	項目	決めるべきこと
子どもに関すること	①親権者	子どもの日常生活の世話をしたり教育をしたり、子どもにかわって財産を管理したりをどちらかが行うかを決める必要がある。
	②子どもの養育費	子どもを引き取って育てる親は子どもを引き取らない親に対して養育費を請求することができる。子どもを引き取らない親は子どもを引き取って育てる親に養育費を支払う義務がある。親の収入状況によって金額は変わるが、一般的な家族では、子ども1人あたり3〜5万円／月程度になる場合が多い。
	③面接交渉権	子どもを引き取らなかった親が子どもと面会する権利を面接交渉権という。月に1回、夏休みに一定期間といった、連絡方法などを決めておく必要がある。
金銭や財産に関すること	①慰謝料	慰謝料は必ず発生するわけではない。例えば、相手方の不倫や浮気、相手方の暴力など、相手方が離婚の原因を作った場合に請求することができる。請求できる金額は、婚姻期間や相手が作った離婚の原因などによって様々だが、100万〜300万円程度になることが多い。
	②財産分与	婚姻中に取得した財産は夫婦の共有財産になる。名義がどちらか一方になっているかは関係ない。名義がどちらか一方になっていても、夫婦の共有財産として扱われる。また、借金などマイナスの財産も財産分与の対象になる。この共有財産をどちらが取得または負担するかを決める必要がある。
	③年金分割	離婚後に夫婦の年金を分割して受給できる制度があるので、この点についても話し合いを行っておく必要がある。

めておく必要があります。子どもに関することとしては、親権者をどうするか、子どもの養育費をどうするか、子どもとの面接交渉権をどうするか、金銭や財産に関することとしては、慰謝料をどうするか、財産分与をどうするか、年金分割をどうするかを決める必要があります。

ただ単に離婚するのか、離婚しないのかだけではなく、これまで築いてきた夫婦関係を将来に向けて発展的に解消していくことが必要になるのです。

② 離婚の手続きって？

次に、離婚の手続きについて説明します。一口に「離婚」といっても、1つの方法しかないわけではなく、幾つかの方法があります。

まず、夫婦で離婚と離婚に際しての諸条件（表の各項目）についての話し合いがまとまれば、役所に離婚届を提出することで、離婚が成立します。夫婦の話し合いだけで成立させる、この方法を「**協議離婚**（きょうぎりこん）」といいます。

次に、夫婦で話し合いを進めたけれども、離婚や離婚に際しての諸条件がまとまらなかった場合には、家庭裁判所に離婚の調停を申立てる必要があります。調停手続というのは、夫婦のほかに、調停委員という第三者が入って、双方の言い分を聞いて調整しながら話し合いをまとめて

図10-2 離婚の手続き

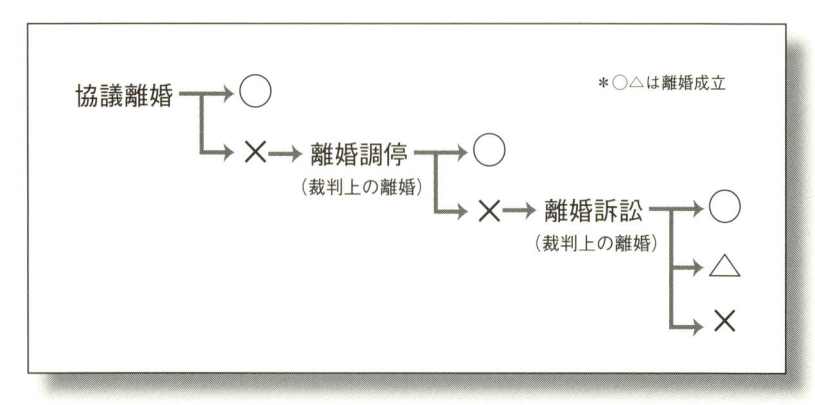

```
協議離婚 → ○                           *○△は離婚成立
         → × → 離婚調停 → ○
                （裁判上の離婚）
                        → × → 離婚訴訟 → ○
                                （裁判上の離婚）
                                      → △
                                      → ×
```

いく手続きです。調停手続を利用して離婚を成立させる、この方法を「**離婚調停**」といいます。

そして、夫婦で話し合いを進め、その後調停手続を進めたけれども、調停手続によっても離婚の話し合いがまとまらなかった場合には、家庭裁判所に離婚訴訟を提起して、裁判所にどちらの言い分が正しいのか判断して貰う必要があります。離婚調停も離婚訴訟もどちらも裁判所を利用する手続きですが、離婚調停はあくまで話し合いで解決するための手続きです。しかし、離婚訴訟は最終的に話し合いが解決しなければ裁判所が判決というかたちで白黒はっきりと決着をつける手続きです。訴訟手続を利用して離婚を成立させる、この方法を「**離婚訴訟**」といいます。

③ 離婚はどんな場合にできるの？

それではどのような場合に離婚できるのでしょうか。

離婚について、日本の法律は、①**家庭のことは家庭で解決する**（「法は家庭に入らず」）、②**いったん形成された婚姻関係は簡単に壊してはならない**ということを基本姿勢としています。そのため、離婚にあたってはまずは当事者間で話し合いをするべきであり、当事者間で話し合いがまとまらない場合でも離婚調停によって裁判所を介して話し合いを行うべきであるとされています。いきなり離婚訴訟で白黒の決着をつけるということはできない制度になっているのです。まずは、当事者間でよく話し合いを行い、それでも進展がなければ裁判所に申立てを行います。しかし、最初からテレビドラマで映し出されるような法廷でガチガチに戦い合う「訴訟」ではなく、第三者に間に入ってもらいながら話し合いを進める「調停」という手続きを経なければならないとされているのです。

このような制度を「**調停前置主義**」（まずは訴訟ではなく調停で話し合いを行ってくださいというルール）といいます（家事審判法18条1項参照）。

訴訟や審判になると、裁判所が強権的に離婚の可否を決めるということになりますが、そうなる前に当事者間で（間に調停委員という第三者を入れながら）可能な限り話し合いで結論を導きだすのが、この種の紛争の解決に適しているという考え方なのです。

　しかし、実際には夫婦二人だけで話し合って、すべての決めごとを過不足無く決定していくのは難しいことです。たとえば離婚後の生活上の決めごととして、「親権」、「養育費」、「面接交渉権」、「慰謝料」、「財産分与」、「年金分割」……と、ざっと挙げてみてもこれだけあります。ですから、専門的な知識と経験を持った調停委員に入ってもらって話し合いを進めてゆくのが良いというわけです。

　ちなみに、裁判所に申立てを行う前に本当に離婚するのかしないのか、そこを今一度考えてみる必要があります。**少なくとも法律上はそんなに簡単に離婚は認めていません**。法律上、離婚が認められる場合は限定されています。**図10-3（裁判上の離婚ができる場合）**をご覧ください。

　いかがでしょうか。離婚について裁判所に申立てを行うのは、かなりハードルが高いことをイメージいただけたのではないかと思います。第五号は抽象的な記載になっていますが、第一号から第四号と同程度の重要な事由が必要だと解されています。

　いずれにしても、この第一号から第五号のどれかに当てはまるような

図10-3　裁判上の離婚ができる場合

民法770条（裁判上の離婚）	
夫婦の一方は、次に掲げる場合に限り、離婚の訴えを提起することができる。	
一	配偶者に不貞な行為があったとき
二	配偶者から悪意で遺棄されたとき
三	配偶者の生死が3年以上明かでないとき
四	配偶者が強度の精神病にかかり回復の見込みがないとき
五	その他婚姻を継続し難い重大な事由があるとき

重大な事情が客観的に存在しなければ、裁判所からは「離婚していいですよ」とは認めて貰えないのです。程度によりますが、スッピンが可愛くないとか、ラーメンをすする音が嫌いとか、味噌汁の具が少ないとか、スーパーに行くときにOasisのぴったりしたTシャツを着て欲しくないとか、気にいって被っているテンガロンハットが気に入らないとか、いつもナイキのスエットばかり着ていてダサいなど、私自身のことも含めて私のところにも日々色々な悩みをお持ちの方がいらっしゃいますが、少なくとも法律上は、一旦形成された婚姻関係は可能な限り維持されるべきであって、簡単な気持ちで離婚しても良いという制度ではないことだけは確かなのです。

④ 慰謝料はどういった場合に貰えるの？

　今回のケースの場合、「慰謝料47億円は高すぎるのでは？」と疑問に思った方も多いのではないでしょうか。

　でも、慰謝料や財産分与というのは、明確な基準があるわけではありません。それぞれの家庭の事情は、当事者の収入や資産、有責配偶者の有責性の度合い、相手方の精神的苦痛の程度、婚姻期間などによってまちまちです。マッカートニーさんほどの人物であれば、これぐらいの金額が適正金額になってしまうのかもしれません。

　慰謝料請求権は、相手の行為によって被った精神的な苦痛を慰謝してもらうために認められる権利です。たとえば、夫が浮気をした、夫に愛人がいた、夫が暴力をふるって妻を傷つけた、暴言を吐いて妻を悲しませたといった事情があって、妻が夫と離婚せざるを得ないと考えるにいたったような場合には、夫から慰謝料を払ってもらうことができます。

　今回のケースでもマッカートニーさんに慰謝料支払義務があるということは、リンダさんではなくマッカートニーさんの方に離婚の原因があったということだと考えられます。

⑤ 子どもが成人すると養育費は貰えない？

続いて、養育費についてです。子どもを引き取って育てる親は子どもを引き取らない親に対して養育費を請求することができます。

子どもを引き取らない親は子どもを引き取って育てる親に養育費を支払う義務があります。養育費を貰う権利は子どもの権利です。養育費を親が貰うのは子どもにかわって受領するということです。

よく「養育費は子どもが成人してしまうと貰えないのですよね？」と尋ねられることがありますが、そんなことはありません。養育費は子どもが成人してしまうと貰えないわけではないのです。子どもの希望や家庭の事情によって、「子どもが成人するまで」とか「子どもが大学を卒業するまで」といった様々な決め方がありますので、子どもが自分の足で自立して世の中を生きていけるように、必要な時期を定めるようにしていただく必要があります。

4 今回のケースで使用した法律

今回は離婚をテーマとした内容でした。どんな場合でも離婚できるとお考えの方も多いものです。しかし、実は裁判上の離婚を行える場合は限られています。一旦形成された夫婦関係は可能な限り維持されるべきというのが法律の考え方です。相当の事情がなければ離婚はできないということを理解していただきたいと思います。

●民法770条（裁判上の離婚）
夫婦の一方は、次に掲げる場合に限り、離婚の訴えを提起することができる。
1　配偶者に不貞な行為があったとき
2　配偶者から悪意で遺棄されたとき
3　配偶者の生死が３年以上明らかでないとき
4　配偶者が強度の精神病にかかり回復の見込みがないとき
5　その他婚姻を継続し難い重大な事由があるとき

5 まとめ 弁護士奥山倫行の「これで、サティスファクション」

　ロックの世界でも、とかく離婚問題が発生しがちです。
　ですが、「いったん形成された婚姻関係は可能な限りお互いの想いやりによって維持していきましょう」というのが法律の考え方なのです。そのため、離婚を考えた場合でも、今一度、別れずにやっていく方法がないかを考えて欲しいと思います。それでも、どうしてもダメなら、きちんと話し合いをして、お互いに納得した上で新しい人生を歩みだすようにしなくてはなりません。
　その場合には、まずはとにかく子どもの幸せを考えて欲しいと思います。子どもは親を選ぶことはできません。自分が好きで一緒になって、嫌いになったから別れますということがあります。でも、子どもはどうしたら良いのでしょうか。多くの離婚事件の現場で一番に考えて欲しいことが子どもの将来のことです。好きになった、嫌いになったというのは、親のわがままで、子どもには関係ありません。親が離婚したとしても、子どもにとってはどっちも親なのです。殆どの親が離婚の際に子どものことを最初に気にします。でも、たまに子どものことを話にも出さずに、財産の話ばかりする相談者がいるのも事実です。**離婚の際に考えるべきことは、まずは子どものことです**。当たり前のことと感じる方も多いとは思いますが、世の中には当たり前のことと考えていない人もいますので、多少くどくなりましたが、強調させていただきました。
　さて、子どもの養育や環境について考えたら、次に、財産をどうするかということを考えなければなりません。結婚してから別居するまでの間に夫婦が取得した財産は夫婦のものです。財産の名義が夫であっても妻であっても関係ありません。細かな家財道具も含めて夫婦の共有の財産なのです。それらの夫婦の共有の財産をどのように帰属させるかを考えなければなりません。そして、離婚の原因が一方にある場合には、離婚の責任のない夫又は妻に対して、慰謝料を支払うことも考えなければなりません。離婚の原因は夫婦毎に様々です。価値観の相違、相手の浮

気、音信不通、暴力など、離婚する夫婦の数だけ離婚の原因もあるものです。そのあたりもきっちりと取り決めをしなければ、後々になって揉め事やトラブルが勃発しかねません。

　ロックの世界では、何度も何度も、結婚、離婚、再婚、離婚、再々婚、離婚……を繰り返すアーティストも目につきます。そのパワーだけでも物凄いことだと感じますし、そのパワーが素晴らしい作品を生み出す原動力なのかもしれませんが、想像するだけで大変なことだと思います。精神的にもそうですし、経済的にもそうです。たしかに、ロックというと、家庭も何も破壊して、放蕩人のイメージもありますが、個人的には家庭円満、夫婦円満なロッカーは素敵だなと感じています。

　私が憧れるのは、ジョン＆ヨーコとか、シーナさんと鮎川誠さんとか、格好いいなと思いますね。私はお恥ずかしながらまだ独身なので、ロックと笑顔に満ちた幸せな家庭生活、憧れますね……。朝も一緒に焼き魚をおかずにご飯を食べる。納豆もあった方が良いですね。みそ汁はしじみか油揚げと豆腐とかが良いように思います。そして、朝のBGMもやっぱロックですね。朝を感じさせる曲といえばブーラドリーズの「Wake Up Boo!」なんてどうでしょうか。勢いをつけるためにドゥービー・ブラザーズの「Long train running」とか、T.Rexの「20th Century Boy」とかステッペンウルフの「Born to Be Wild」とかなんて名曲を選曲するのも素敵ですよね……。その後の仕事も捗りそうですね……。いや、失礼しました。個人的な妄想で話がずれてきましたので、このあたりで失礼したいと思います。

　いずれにせよ、自分が応援しているアーティストが幸せでいて、満たされた家庭に支えられ、また新たな作品を生み出してくれれば、レディース＆ジェントルマンもファンもサティスファクションです。

☞ おさらいポイント

① 離婚の際に決めなければならない幾つかのことを理解できましたか？
②「離婚調停」はどのような手続でしょうか？
③「離婚訴訟」はどのような手続でしょうか？

COLUMN ロックの玄人 河野吉伸の「この曲を聴け!」

　今回のケースにぴったりくる曲……というか、ポール・マッカートニーの気持ちを表しているかのような一曲「ダンス・トゥナイト」です。世紀の離婚調停にケリがついたということでホッとしたんでしょうかね。「今夜はみんな踊るよ。みんな最高の気分だよ。今夜はみんな踊りまくるよ」と歌うポール（笑）。この曲が収録されているアルバムは、2007年に発売された「追憶の彼方に～メモリー・オールモスト・フル」です。ポール・マッカートニーは長らく在籍したEMIを離れて、世界的なコーヒー・チェーン「スターバックス・エンターテイメント」と「コンコード・ミュージック・グループ」が共同で設立した新レーベル「ヒア・ミュージック」へ移籍しました。本作はその第1弾作品となったことでも有名となった作品ですね。また、長期に渡った離婚裁判も終わり、改めて亡くなったリンダに捧げたアルバムでもあるそうです。

●タイトル：追憶の彼方に～メモリー・オールモスト・フル
●アーティスト：ポール・マッカートニー
●ジャンル：ロック／ポップス
●リリース：2007年6月6日
●時間：45分
●レーベル：ユニバーサル・クラシック
●曲目：下記に記載
1. ダンス・トゥナイト
2. エヴァー・プレゼント・パスト
3. シー・ユア・サンシャイン
4. オンリー・ママ・ノウズ
5. ユー・テル・ミー
6. ミスター・ベラミー
7. グラティチュード
8. ヴィンテージ・クローズ
9. ザット・ワズ・ミー
10. フィート・イン・ザ・クラウズ
11. ハウス・オブ・ワックス
12. ジ・エンド・オブ・ジ・エンド
13. ノド・ユア・ヘッド
14. ホワイ・ソー・ブルー　※日本盤ボーナス・トラック

11 ジム・モリソンのロックなシンボルが見えた？ 見せた？

公然わいせつ（刑法174条）／正当行為（刑法35条）

ここがポイント

「最も恐れているものに自分をさらせ。そうすれば、恐怖はその力を失う」というジム・モリソンの名言がありますが、現実の社会では自分をさらすことは時として問題になります。法的にどう評価されるか学びましょう。

1 当事者のプロフィール

今回の当事者は、ジム・モリソン（Jim Morrison：1943年12月8日生まれ。アメリカ合衆国、フロリダ州メルボルン出身）さんです。

ジム・モリソンさんは1960年代に活動したアメリカのロックバンドThe Doors（ドアーズ）のカリスマヴォーカリストです。ジム・モリソンさんは、1965年にUCLA映画科の同じ学生同士だったレイ・マンザレク（キーボード）さんと知り合い、ドアーズを結成しました。その後、ドアーズは、1966年にエレクトラ・レコードと契約しました。

ドアーズは、ロックに文学をとりいれるという新しいスタイルで60年代のサイケデリック・カルチャーに多大な影響を与えたバンドです。デビュー・アルバムからの第2弾シングル「ハートに火をつけて」が、1967年7月29日のビルボード週間ランキング第1位を獲得しました。また、1967年の年間ランキングでは第2位を獲得し、名実ともにアメリカを代表するトップバンドとなりました。

ジム・モリソンさんは、美しいルックスとピチピチの革パンツを着用したステージ・パフォーマンスで、当時のポップ界におけるセックスシンボルの1人と称されました。しかし、ロックスターの階段を登り続けていくことに対するフラストレーションからドラッグに溺れ、1971年7月3日にパリのアパートで不可解な状況で死亡しました。ヘロインの過剰摂取によるものであると考えられています。

ちなみにジム・モリソンさんが亡くなったのは27歳です。ブライアン・ジョーンズ、ジャニス・ジョプリン、ジミ・ヘンドリックス、カー

ト・コバーンなど、多数のロックアーティストは27歳で死亡しています。不思議ですね。

2 ケース

今回のケースは、1969年3月にマイアミで行われたドアーズのコンサート中に起きた出来事です。コンサートが盛り上がるにつれて、ステージ上でどんどん衣装を脱いでいくモリソンさん。最終的には上半身裸になり、性行為を連想させる動きを再現しました。皮パンツは穿いたままだったとは言うものの、「ジムの〇〇〇を見た（喜）」と言ったファンの証言もありました。また、「自身のロックシンボルを露出したのでは？」という噂もありました。モリソンさんは何か罪に問われるのでしょうか。

3 ケースの分析と解説

① わいせつの定義とは？

今回のモリソンさんのステージ上での露出について検討しなければならないのは、刑法174条（公然わいせつ罪）です。**刑法174条は「公然とわいせつな行為をした者は、6ヵ月以下の懲役、若しくは30万円以下の罰金、または勾留、若しくは科料に処する」**と定めていますが、モリソンさんがステージ上で衣装を脱いでいった行為は「公然と」「わいせつな行為」に該当するのでしょうか。

まず、「公然」というのは「不特定または多数のものが認識できる状態」をいうと考えられています。今回はコンサートのステージ上での行為ですので、「公然」と行われた行為であることは間違いありません。

次に、「わいせつな行為」といえるかが問題になります。この点については、人によっては「上半身裸なんてわいせつだ！」とか「〇〇〇が見えたんだからわいせつだわ……」と考えるかもしれません。一概に

「わいせつ」といっても人それぞれ違った価値観をお持ちのところかもしれませんね。

ただ、法律実務上は「わいせつ」について「**いたずらに性欲を興奮又は刺激せしめ、普通人の正常な性的羞恥心を害し、善良な性的道義観念に反すること**」をいうと考えられています。これは、過去に「わいせつ」なのか「わいせつ」ではないのかが法廷で争われて、最終的に最高裁判所が判断した「わいせつ」の定義です。最高裁判所昭和32年5月22日付判決（刑集11巻5号1526頁）という有名な裁判例です。

私も、今から約20年前、大学生のときに刑法総論の授業でこの「わいせつ」の定義を知りました。この話を聞いたときには、慶應義塾大学日吉キャンパスで微かな感動を覚えたことを覚えています。自分が生まれる遥か前の昭和32年に「法の番人」である最高裁判所で「わいせつ」が争われ、日本の英知が結集された最高裁判所の裁判官の皆さまが「わいせつ」についての判断を行ったということも衝撃的ではありましたが、この基準からすると、普段わいせつだと思っていたものが、わいせつではなかったり、わいせつだと疑われていたことが、ちっともわいせつではなかったりと様々なことが明らかになっていったのです。個人的に日ごろから抱いていた数々の「わいせつ」に関する疑問が氷解していった瞬間でした。覚えづらい定義ではありますが、大学の授業の際に、一所懸命暗唱して覚えていたあの夏の日を思い出します。ぜひ、この機会に皆さまもわいせつの定義を覚えていただきたいと思います。きっと皆さまの日常生活の端々で役立てることができるはずです。

さて、話が逸れましたので、話を元に戻します。**図11-1**（「わいせつ」の3要件）をご覧ください。わいせつとは、①いたずらに性欲を興奮又は刺激せしめ、②普通人の正常な性的羞恥心を害し、③善良な性的道義観念に反することをいいます。そのため、今回のケースでモリソンさんの行為が「わいせつ」なものとして罪に問われるかどうかは、モリソンさんの行為が、①～③の要件を満たしているかということによります。

図11-1 「わいせつ」の3要件

わいせつ（刑法174条）の3要件	
①	いたずらに性欲を興奮または刺激せしめ
②	普通の人の正常な性的羞恥心を害し
③	善良な性的道義観念に反すること

上記①〜③が全て認められれば「わいせつ」と評価される

② 今回のケースへのあてはめ

　それでは、実際に今回のケースにあてはめて考えていきましょう。

　まず、モリソンさんのパフォーマンスが、①いたずらに性欲を興奮又は刺激せしめるものだったかどうかについてですが、いかがでしょうか。「いたずらに」というのは「無駄に」とか「虚しく」という意味ですね。モリソンさんのパフォーマンスは「無駄に」とか「虚しく」行われたものではありません。**ドアーズの楽曲とあいまって裸になっていくことに意味がある**わけです。たしかに、モリソンさんのステージ上の裸体を見て性欲をかきたてられたり、興奮したりということはあるかもしれませんが、ただただ性欲を興奮又は刺激せしめるものだったかどうかというと、甚だ疑問があります。モリソンさんが観客のハートに火をつけるために、ロック魂に訴えかけるべく行ったパフォーマンスだったのだと考えた方が自然ではないでしょうか。

　次に、モリソンさんのパフォーマンスが、②普通人の正常な性的羞恥心を害するものだったかどうかについては、いかがでしょうか。「羞恥心」というのは恥となる行動をしてしまった場合に感じる気持ちです。ご存知のとおりモリソンさんはかっこいいわけです。ドアーズの楽曲の演奏の中で行われたパフォーマンスですから、かっこよく、**むしろ芸術的な感性を刺激させられる人の方が多い**のではないでしょうか。きっと「かっこいい！」と感じる人の方が多数だと思われます。他方で、「恥ず

かしい……」と感じる人もいるかもしれません。ただ、きっとそれは少数でしょうね。普通の人であれば「かっこいい！」と感じるはずなのです。いや、かっこいいと感じて欲しいなと願います。

　最後に、モリソンさんのパフォーマンスが、③善良な性的道義観念に反するものだったかどうかについてですが、いかがでしょうか。モリソンさんのパフォーマンスは芸術的な表現行為ではありますが、それが善良な性的道義観念に反するものだったのかどうかです。モリソンさん自身が「ロックなんだから善良な道義的観念なんて関係ない！」という気持ちを持っていたとしても、モリソンさんの気持ちではなく行為が客観的に評価されます。モリソンさんの父親はアメリカ海軍の軍人で、モリソンさんは厳格な家庭で育てられています。その影響もあってかモリソンさんは哲学や詩にのめり込んでいき、ドアーズの詩や楽曲は芸術性が高いものになっていったと言われています。モリソンさんが全裸になること自体はひょっとすると善良な性的道義観念に反するかもしれません。でも、ステージは流れです。一連の流れ（フロー）で行われながら全体として１つの表現的行為として完成していくわけです。全体で１つの芸術表現なのです。その一連の過程でみたときに、一部を取り出して果たして善良な性的道義観念に反するとまでいえるのかどうか、疑問があります。

　したがって、ロック裁判所としては、今回のケースでモリソンさんは公然わいせつ罪（刑法174条）には該当しないと結論付けたいと思いますが、いかがでしょうか。強引でしょうか……。

　実際の裁判でも弁護士はある程度強引な主張をせざるを得ない場合があります。もちろん嘘をついたり、事実をねつ造したりするようなことはあり得ませんが、多少強引に結論付ける主張をせざるを得ない場合があるのも事実です。最終的にはその主張を裁判所がどのように判断するかということですね。裁判官の皆さまにも是非今回の主張をご理解いただきたいと願います。

③ 軽犯罪法1条20号にも注意が必要です！

　刑法174条についての検討は以上ですが、もう一つ、軽犯罪法1条20号についても検討が必要です。**軽犯罪法1条20号は「公衆の目に触れるような場所で、公衆に嫌悪の情を催させるような仕方で、尻、腿、その他身体の一部をみだりに露出したもの」**を、勾留または科料に処すると規定されています。

　モリソンさんのシンボルポロリは、嫌悪の情を催させるような出し方だったのでしょうか。ステージ上でのモリソンさんのポロリは、あくまでもロックスターの「かっこよさ」の追求であり芸術です。もはや「**わいせつ**」**うんぬんの領域ではなく、芸術の領域に昇華している**わけです。これは、モリソンさんでしかできない（許されない）パフォーマンスであるといえます。さらに、時は60年代のフラワームーブメント華やかなりし頃です。当時はフリーセックスが高らかに叫ばれ、最先端の性的な表現が行われていました。「わいせつ」の概念は、そのときの時代、社会、文化に応じて相対的に変動するものだということもポイントになります。したがって、ロック裁判所としては「モリソンさんはやはり軽犯罪法1条20号にも違反していない」と結論づけたいと思います。こちらの方も、併せて、裁判官の皆さまにご理解いただきたいと願います。

④ 実際には……

　ちなみに、実際のケースでは、1969年3月にマイアミで行われたコンサートで、モリソンさんは裸になるだけでは留まらず、その後ステージ上でズボンを下げて自慰行為を行ってしまいます。そのため、公然わいせつの罪で逮捕され、後に有罪判決を下されてしまいました。モリソンさんを弁護する方法はないものでしょうか……。この点については、**正当業務行為という概念を主張してみたい**ところです。

　すなわち、形式的には犯罪の条文に該当するように見えても、違法性がないために罰せられない「正当行為」と「緊急行為」という概念があ

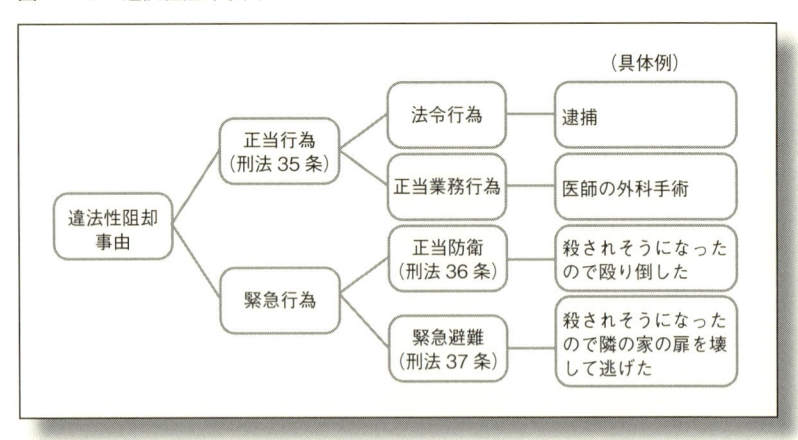

図11-2　違法性阻却事由

```
                          ┌─ 法令行為 ───── 逮捕
              ┌ 正当行為 ──┤
              │ (刑法35条) └─ 正当業務行為 ── 医師の外科手術
違法性阻却  ──┤
事由          │            ┌─ 正当防衛 ──── 殺されそうになった
              └ 緊急行為 ──┤  (刑法36条)    ので殴り倒した
                           │
                           └─ 緊急避難 ──── 殺されそうになった
                              (刑法37条)    ので隣の家の扉を壊
                                            して逃げた
```
(具体例)

ります。そういった行為が刑法35条から刑法37条に定められています。いずれもこれらの条文に該当する場合には違法性がないとされるので、**違法性阻却事由**と言われています。図11-2（違法性阻却事由）をご覧ください。

　この中で今回着目するのは刑法35条の「正当行為」です。**刑法35条は「法令又は正当な業務による行為は、罰しない」**と定めています。たとえば医師が手術をする際に人の身体を傷つけないといけない場合があります。その場合、形式的には傷害罪（刑法204条）に該当するわけですが、それを罪に問うわけにはいきません。そのような行為は形式的には傷害罪（刑法204条）に該当しても、実質的に違法性がないので、正当行為（刑法35条）として処罰されません。また、ボクシングや格闘技などのスポーツも同様に正当行為（刑法35条）なので処罰されません。

　さて、今回のモリソンさんのパフォーマンスについて考えてみましょう。モリソンさんのパフォーマンスには行き過ぎた点があったことは間違いないと思います。ですが、モリソンさんからすると、**今回のステージ上のパフォーマンスは正当な業務の一環としてなされたものです。**ですので、形式的には公然わいせつ罪（刑法174条）に該当するかもしれませんが、正当行為（刑法35条）として実質的には違法性が阻却され

るといった主張を試みてみたいところです。三度のお願いで恐縮ではございますが、こちらについても、裁判官の皆さまにご理解いただきたいと願います。どうぞ、どうぞ、宜しくお願いいたします。

4 今回のケースで使用した法律

　今回のケースでは、刑法174条（公然わいせつ）と軽犯罪法1条20号、そして刑法35条（正当行為）についての解説をさせていただきました。解放感や興奮状態が露出を導くことがあるわけですが、その際には刑法174条（公然わいせつ）に注意をしていただきたいと思います。また、形式的には犯罪に該当しそうな場合でも、一定の行為については、行為の違法性がなくなり処罰されないと解されている行為があるということも併せてご確認ください。

●刑法第174条（公然わいせつ）
公然とわいせつな行為をしたものは、6ヵ月以下の懲役、もしくは30万円以下の罰金、または勾留、もしくは科料に処する。
●軽犯罪法1条20号
左（下）の各号の一に該当する者は、これを拘留又は科料に処する。
20　公衆の目に触れるような場所で、公衆に嫌悪の情を催させるような仕方で、尻、腿、その他身体の一部をみだりに露出したもの
●刑法35条（正当行為）
法令又は正当な業務による行為は、罰しない。

---

5 まとめ　弁護士奥山倫行の「これで、サティスファクション」

　ロックの世界では、とかく自分を解放してしまいがちです。巷のライブハウスでも、演者や観客を問わず、上半身のみならず下半身の露出が行われることもしばしばあるのではないでしょうか。ロックのもつエネルギーがそうさせるのでしょうか。それともロックのもつ解放感がそう

させるのでしょうか。皆さまもどこかで身に覚えがあるのではないでしょうか。

ですが、裸になる場合には注意が必要です。不用意に裸になってしまうと公然わいせつ罪（刑法174条）や軽犯罪法にひっかかり処罰の対象になってしまう可能性があるのです。

この本をお読みの方の中には「俺が裸になるのは露出癖があるからじゃないぜ！　芸術行為だ！　わかってくれ！　ハロー・ベイビー！」とおっしゃる方もいらっしゃるかもしれません。しかしながら、**芸術行為と評価されるためのハードルは決して低くはありません**。警察に連れていかれてご自身の考えを主張されたとしても「はい、はい、わかったから、早く調書にサインして。指印もね」となだめられ、場合によっては留置場にいれられて、後は粛々と刑事手続が進んでいく……なんてことにもなりかねません。相当の覚悟がなければ、この種の主張を通すことは難しいことをご理解いただきたいと思います。悲しいことではありますが、それが現実です。ですので、露出癖……ではなく、パフォーマンスとしてステージ上で裸になりがちな方は、注意が必要です。

あと、たまに「どうしてボクシングで相手を怪我させても犯罪にならないんですか？」とか「救急車やパトカーはどうして制限速度を守らなくても捕まらないの？」といったことを尋ねられることがあります。形式的には刑法の条文に該当しても、**正当行為（刑法34条）という概念があるので、処罰がされない**ということなのです。今回のケースでは触れませんでしたが、同じような**違法性阻却事由**（刑法の条文には該当しても違法性が阻却される）としては**正当防衛（刑法36条）や緊急避難（刑法37条）**という重要な概念がありますので、せっかくですから、簡単に説明しておきます。

まず、正当防衛（刑法36条）についてです。**刑法36条１項は「急迫不正の侵害に対して、自己又は他人の権利を防衛するため、やむを得ずにした行為は、罰しない」**と規定しています。たとえば、他人からナイフで刺されそうになったので、ナイフで刺されるのを防ぐために、蹴

りをいれて相手を怪我させたというような場合を考えてみてください。怪我をさせた以上は傷害罪（刑法204条）の条文には該当します。しかし、自分の身を守るために、しょうがなく蹴りをいれたのであって、その罪を問われては気の毒です。そのため、このような場合には正当防衛として「罰しない」とされています。

次に、緊急避難（刑法37条）についてです。**刑法37条1項は「自己又は他人の生命、身体、自由又は財産に対する現在の危難を避けるため、やむを得ずにした行為は、これによって生じた害が避けようとした害の程度を超えなかった場合に限り、罰しない。ただし、その程度を超えた行為は、情状により、その刑を減軽し、又は免除することができる」**と規定しています。たとえば、他人からナイフで刺されそうになったので、ナイフで刺されるのを防ぐために、隣にいる人を突き倒して怪我をさせて逃げたといったような場合を考えてみてください。考え方は正当防衛（刑法36条1項）と同じですが、緊急避難の場合には第三者を巻き込んでいるところに違いがあります。この場合にも正当防衛（刑法36条1項）と同様に緊急避難として「罰しない」とれています。

今回は多少法律の説明に関する部分も多かったと思いますが、いずれも大切な概念ですし、覚えておいて損はないと思いますので、しっかりとマスターして日常生活やロックの活動にお役立ていただければと思います。また、最後に繰り返しになりますが、くれぐれも安易な露出や安易なポロリ、行き過ぎた芸術行為には、多少痛みのある代償が伴う場合がありますので、慎重な行動を心掛けていただきたいと思います。そうすれば、世の中ももっともっとサティスファクションになりますね。

☞ おさらいポイント

① 「公然わいせつ罪」における「わいせつ」とはどのような状態を言うのでしょうか？
② 医師が手術をする際に人を傷つけても傷害罪に問われないのは何故でしょうか？
③ 「正当防衛」はどのような場合に成立しますか？
④ 「緊急避難」はどのような場合に成立しますか？

COLUMN ロックの玄人 河野吉伸の「この曲を聴け！」

　ステージ上で自分のナニを出すなんて、よっぽどご立派なモノなのか、単なる露出狂か……。いずれにせよ「向こう側に突き抜けないと」なかなか出来ることではないですよね（笑）。まさに今回のケースにぴったりな曲「ブレイク・オン・スルー」は、1967年1月1日にドアーズのデビューシングルとして発売されました。曲中の「She Gets High」という歌詞が、ドラッグの影響をイメージするものとして、放送禁止になることを恐れたレコード会社が「High」の部分を消してしまい、長らくその部分を聞くことができませんでした。そののち、リリースされたリマスター盤で聴くことが出来るようになりました。私は、この部分が聴けた時に感動で鳥肌が立ったことを今でも覚えています。

- ●タイトル：ブレイク・オン・スルー
- ●アーティスト：ドアーズ
- ●ジャンル：ロック／サイケデリック／アシッド
- ●リリース：1967年1月1日
- ●時間：2分26秒
- ●レーベル：エレクトラ・レコード
- ●B面：エンド・オブ・ザ・ナイト

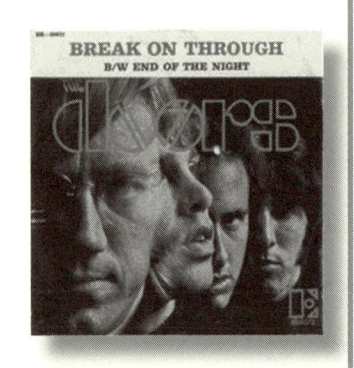

12 オジー・オズボーンに白い安息を！

表現の自由（憲法 21 条）／名誉毀損罪（刑法 230 条）／
公共の利害に関する場合の特例（刑法 230 条の 2）

ここがポイント

誰もが思ったり感じたりしたことを自由に表現できることは大切なことです。憲法21条は表現の自由を保障していますが、同時に名誉権も保障しています。この章では、いずれも大切な権利である表現の自由と名誉権がどう調整されているのか学びます。

1 当事者のプロフィール

今回の当事者はオジー・オズボーン（Ozzy Osbourne：1948年12月3日生まれ。イギリス・バーミンガム出身。メタルミュージシャン）さんです。

オジー・オズボーンさんは、1970年2月13日金曜日にブラック・サバスのヴォーカリストとしてデビューしました。1979年からは自身のバンドを率いて活動を開始しました。

ソロキャリアのレコード・CDの全売り上げ枚数は6000万枚を超え、名実ともにヘヴィロックの頂点に立ち続ける「魔界のプリンス」ですね。オズボーンさんは、非常に数多くの奇行で知られています。たとえば、「生きた鳩食いちぎり事件」、「ステージの上から生肉を投げつける事件」「生きたコウモリ食いちぎり事件」、「テキサス州サンアントニオの国民的遺産・アラモ砦での立ち小便事件（オジーのおしっこがかかった壁に、666の字が浮かび上がってきたという噂も）」、「オジーがアリを鼻から吸い込むところが目撃された事件」など、オズボーンさんの奇行を挙げるときりがありません。とにかく奇行で有名なアーティストではありますが、ロック世界のカリスマであることに間違いはありません。

2 ケース

今回のケースは、2008年2月の出来事です。デイリースターという

ゴシップ紙に掲載されたオジー・オズボーンさんの記事に関して問題が生じました。

　記事のタイトルは「オジーのフリークショウ」で、オズボーンさんがある授賞式で司会を務めた時のことについて書かれていました。記事の内容は「オジーの体は実はもうボロボロで、バックステージでは車椅子を使うほどで、まともな司会などできるはずがない」など事実に反するものでした。

　これを見たオズボーンさんは怒り心頭です。**雑誌社を名誉毀損で訴え、裁判で勝訴となりました**。ゴシップ紙にひどいことを書かれてしまったオズボーンさん。裁判には勝ったようですが……。

3 ケースの分析と解説

① 表現の自由とは？

　今回のケースは表現活動におけるトラブルです。

　新聞や雑誌など、メディアには、「表現の自由」（憲法21条）として「記事を書く」権利があります。この**表現の自由という権利は、我々が日常生活を営んでいくにあたって極めて重要な権利**ですので、少し詳しく説明させていただきます。

　憲法19条は「思想・良心の自由は、これを侵してはならない」と規定しています。個人の善悪の判断や国家間や人生観や趣味や嗜好といったものは、個人の内面に留まる限りは絶対的に自由なのです。心の中のことは、誰からもとやかく言われる筋合いのものではないということです。

　でも、心の中に思い浮かんだことを、自分の心の中だけで考えているだけでは意味がありません。自分が好きなものや、大切なことは外部に伝えてこそ意味をなすのです。自分の好きなものを外部に表現して、それに伴った行動をして、幸せに生きることができるのです。

　好きな詩や好きな音楽を作ったとします。自分だけで楽しむことも

きるかもしれませんが、やはり自分が最高だと思うものを他の人にも伝えて共感してもらいたいと考えるのが自然ではないでしょうか。そのようにして自分の人格を成長させ、自分も満足していく、それによって自分自身の人生を豊かに実りあるものにしていくということが大切なのです。これを「**自己実現の価値**」といいます。

　また、自分が良いと思うことについて、お互いに表現しあって議論をすることもできます。それが「この国の行く末」といった政治的な問題であれば、お互いに議論を交わして、良い結論を導きだしながら、民主主義も発展していくわけです。自分の考えていることを発信して、それに対する意見を聞いて、そしてまた自分の考えを固めたり変えたりしながら、よりよい世の中にしていくための議論を行うわけです。そのためには、誰もが自由に自分の意見を表現できることが大切なのです。これを「**自己統治の価値**」といいます。

　さらに、表現の自由は、国民の知る権利に奉仕するものと言われます。表現の自由が保障された環境で、現代社会では新聞やテレビなどのマス・メディアが隆盛を極め、いわゆる「表現の送り手」と「表現の受け手」の間には大きな情報格差が生まれています。情報格差というのは、情報の入手経路や保有している情報量、表現の伝達方法に大きな格差がある状態のことです。

　このようになってしまうと、表現の自由というのは表現の送り手の立場だけではなく、表現の受け手の立場からもしっかりと保障されていかなければなりません。そこで国民には「知る権利」があるとして、情報を読んだり、見たり、聞いたりすることが自由にできなければならないとされているのです。

　表現の自由は、まさに自己実現と自己統治に密接につながる権利であり、国民の知る権利に奉仕する大切な権利であると考えられているのです。個人が幸せに、社会を豊かにしていくために極めて重要な意味を持っているわけです。そのため、表現の自由は我々が現在生きている民主主義社会の根幹をなす重要な人権の1つなのです。そのような観点か

ら、**憲法21条1項**は「**集会、結社及び言論、出版その他一切の表現の自由は、これを保障する**」と規定して、表現の自由を守っているわけです。

　もっとも、表現の自由が最大限尊重されるとしても、何でもかんでも自由に記事に書いていいわけではありません。たとえば、暴動を扇動するような表現だったり、テロを助長するような表現だったり、人のプライバシーや名誉を侵害するような表現については、公共の秩序や他者の人権を保護するために一定の制約を受けます。

　個人はそれぞれ幸せに生きる権利をもっています。そうすると表現の自由といっても、他人の権利を侵害するような場合には、調整が必要になってきます。他人を苦しめたり、他人の嘘の情報を流したり、他人が公開して欲しくない情報を公開してしまったり、他人の社会的な評価を侵害してまで、無制約に自由に認められる権利ではないわけです。

　今回のケースでも、**雑誌社には表現の自由**が保障されています。他方で、**オズボーンさんにも人権**が保障されています。コウモリの頭をかみちぎったり、鳩の生き血をすすったり、鼻からアリを吸い込んだり、とんでもない奇行の絶えないオズボーンさんだって、他の人と同様に人権が保障されているのです。ですから、雑誌社もオズボーンさんのことを何でもかんでも好き勝手に書いていいわけではなく、オズボーンさんの人権との調整が必要になるわけです。

② 名誉棄損とは？

　もう一つ、今回のケースでは、オズボーンさんの「名誉権」が侵害されている可能性があります。名誉権というのは、人がみだりに名誉を害されない権利です。相手の名誉を棄損してしまった場合には、名誉棄損罪（刑法230条）にあたり、刑事上の犯罪として処罰される可能性がありますし、民事上も名誉棄損行為によって相手に与えてしまった損害を賠償（民法710条、民法723条）したりしなければいけなくなる可能性があるのです。

図 12-1　名誉毀損罪の成立要件

名誉毀損罪（刑法 230 条）	
①	公然と
②	事実を摘示し
③	人の名誉を
④	毀損した者

（その事実の有無にかかわらず）
3 年以下の懲役若しくは禁錮又は 50 万円以下の罰金

　名誉棄損罪（刑法 230 条）が成立するための要件については、**図 12-1（名誉棄損罪の成立要件）** をご覧ください。名誉棄損行為というのは、人の品性や徳行、名声、信用その他の人格的価値について社会から受ける客観的評価を低下させる行為のことをいいます。他の人のことを自由に記事にして発表したりして、その人の社会的な評価を低下させてしまった場合には、その償いをしなければならなくなるわけです。

　このような意味で、**表現の自由と名誉権の間には、緊張関係がある**といわれます。よく芸能人や有名人が週刊誌を相手どって、自分について書かれた記事が名誉棄損だとして、訴訟が起こされたという報道を目にすると思いますが、まさに今回のケースと同様の話なのです。

③ 表現の自由　VS　名誉権

　では、**表現の自由と名誉権の調整**はどのように行われるのでしょうか。ちょっと難しいかもしれませんが、法律的には仮に名誉棄損に該当する表現行為があったとしても、①表現の対象が「公共の利害に関する事実」で（公共性）、②表現の目的が「専ら公益を図ることにあり」（公益性）、③表現した内容が「真実であることの証明」があった場合（真実性）には、**表現をした人は責任を負わない**ということになっています

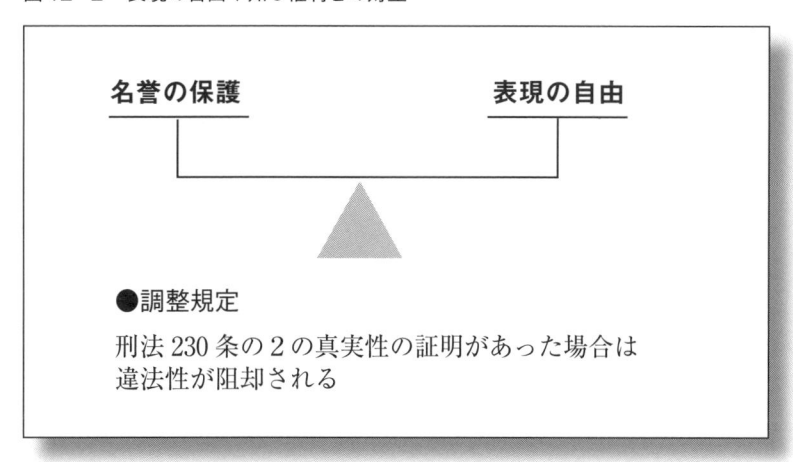

図 12-2　表現の自由や知る権利との対立

```
        名誉の保護              表現の自由
        ─────              ─────
              └──────┬──────┘
                    ▲

●調整規定
刑法 230 条の 2 の真実性の証明があった場合は
違法性が阻却される
```

図 12-3　真実性の証明

名誉毀損罪（刑法 230 条の 2）		
①	公共の利害	公共の利害に関する事実であること
②	目的が公益目的	その目的が専ら公益を図ることにあったと認められること
③	真実性の証明	事実であることの証明があったとき

↓

罰しない

（刑法 230 条の 2 等）。**図 12-2（表現の自由や知る権利との対立）**と**図 12-3（真実性の証明）**をご覧ください。

　公共の利害に関する事柄は、まさに多くの人が知りたいことです。それは多くの人の知る権利に奉仕するという意味でも、重要な表現活動です。また、表現の目的がそのような公益の目的のためにあるのであれば、それもまた望ましいことで、重要な表現活動として表現行為を尊重した方が良いと考えられているのです。ただ、表現された内容は真実であることが前提です。嘘の表現内容は公共の発展にはつながりません

し、嘘の表現行為を保護してまで、名誉権の侵害を容認する必要性はないからです。

④ 今回のケースへのあてはめ

以上を前提として今回のケースを考えてみましょう。

まず、オズボーンさんの奇行や日々の言動についての情報はロック好きな人なら無関心ではいられませんから「公共の利害に関する事実」（①）にあたりますね。

次に、おそらく記者は「オジーの様子を伝えなきゃ！」というロック的使命感に駆られて記事を書いたのでしょうから表現の目的も「公益を図ることにあり」（②）にあたる可能性があります。「専ら」という要件が微妙ではありますが……。

しかしながら、オズボーンさんは実際にはピンピンしていたのです。つまり、記事の内容は事実ではありません。オズボーンさんの奇行をみて記者が勘違いした可能性も完全に否定はできませんが、「真実であることの証明」（③）はできません。

したがって、今回のケースでは雑誌社の表現の自由よりも、オズボーンさんの名誉が守られなければならないということになります。オズボーンさんは雑誌社に対して損害賠償を請求することができますし、訂正記事を掲載させたり、謝罪広告を掲載させたりといったことを要求することもできるのです。

実際の事件でも、デイリースター社が書いたオズボーンさんに関する記事はまったくの嘘で、適当な記事でした。したがって、**実際の裁判でもオズボーンさんが勝訴して、損害賠償金も受け取った**ようです。

ちなみに、賠償金を受け取ったオズボーンさんは、妻のシャロンさんが支援している大腸がん撲滅のチャリティー団体へ全額寄付したとのことです。そもそもオズボーンさんは、鳩を食いちぎるようなパフォーマンスとは裏腹に、大変子煩悩で温かい人だという話もあるようです。また、オジーさんはホームレスの男性に自分がしていた十字架のネックレ

ス（43万円相当）を気前よくあげたという話もあるようです。オジーさんは、いや、人は一面だけではわかりませんね……。

4 今回のケースで使用した法律

　今回は表現の自由と名誉棄損という日ごろ週刊誌やワイドショーを賑わすゴシップ記事に関する話でした。表現の自由ももちろん大切ですが、他者の名誉を侵害してまでは認められない場合があるということです。いずれも日ごろの生活でもよく見聞きする話だと思いますし、ロックとは切っても切れない話ですので、この機会にしっかりとマスターしておいてください。

●憲法21条（表現の自由）
1. 集会、結社及び言論、出版その他一切の表現の自由は、これを保障する。
2. 検閲は、これをしてはならない。通信の秘密は、これを侵してはならない。

●刑法230条1項（名誉毀損）
公然と事実を摘示し、人の名誉を毀損した者は、その事実の有無にかかわらず、3年以下の懲役若しくは禁錮又は50万円以下の罰金に処する。

●刑法230条の2（公共の利害に関する場合の特例）
1. 前条第1項の行為が公共の利害に関する事実に係り、かつ、その目的が専ら公益を図ることにあったと認める場合には、事実の真否を判断し、真実であることの証明があったときは、これを罰しない。
2. 前項の規定の適用については、公訴が提起されるに至っていない人の犯罪行為に関する事実は、公共の利害に関する事実とみなす。
3. 前条第1項の行為が公務員又は公選による公務員の候補者に関する事実に係る場合には、事実の真否を判断し、真実であることの証明があったときは、これを罰しない。

●民法710条（財産以外の損害の賠償）
他人の身体、自由若しくは名誉を侵害した場合又は他人の財産権を侵害した場合のいずれであるかを問わず、前条の規定により損害賠償の責任を負う者は、財産以外の損害に対しても、その賠償をしなければならない。
●民法723条（名誉棄損における現状回復）
他人の名誉を毀損した者に対しては、裁判所は、被害者の請求により、損害賠償に代えて、又は損害賠償とともに、名誉を回復するのに適当な処分を命ずることができる。

5 まとめ　弁護士奥山倫行の「これで、サティスファクション」

　ロックの世界では、とかく表現の自由VS名誉権という緊張関係が起きがちです。表現の自由も名誉権も間違いなく重要な権利なのですが、両者の権利がぶつかり合う事態が生じがちなのです。ロックはまさに表現行為です。楽曲の歌詞やメロディーを通じて自分の内面を表現していくわけです。たとえば、楽曲の歌詞が、他人の悪口といいますか、他人の社会的評価を害するような内容であれば、他人の名誉権を侵害する可能性がでてくるのです。

　ロックを通じて行われる表現活動は素晴らしいものですから大いに尊重されるべきだと思いますが、他人の名誉権を害してまで無制限・無限定に認められるものではありません。表現活動を行う際には、そのあたりをしっかりと理解しておいていただく必要があります。

　また、有名人や芸能人はある程度プライバシーや名誉は制限を受けかねません。有名人や芸能人の言動に関する記事や報道は、国民の知る権利に奉仕する大切なものだからです。報道は公益を図る公共のことと考えられることの方が多いと思います。もちろん嘘やでたらめは駄目ですけど。

　それにしても、オズボーンさんといえば奇行や愚行が代名詞になって

いますが、奇行が過ぎるとどうしてもゴシップ紙に記事にされかねないわけです。それに、オズボーンさんが食いちぎる鳩はまさに平和のシンボルです。ブラック・サバスやオズボーンさんのことは好きですが、平和のシンボルを食いちぎるのは好ましくありません。

　動物愛護の観点に加えて、何より世の中が平和じゃなくなったら困るからです。いっそのこと「ホワイトサバス（白い安息日）」という曲を作り、沢山の鳩と一緒にステージに登場するというアイデアを提案させていただきたいと思います。そうすれば、鳩も平和もサティスファクションですから。

☞ おさらいポイント

①「表現の自由」の保障を通じて実現される２つの価値とは？
②「名誉権」とはどのような権利でしょうか？
③名誉が棄損された場合、侵害者にはどのような刑事責任が生じますか？
④名誉が棄損された場合、侵害者にはどのような民事責任が生じますか？
⑤「表現の自由」と「名誉権」はどのように調整されますか？

COLUMN ロックの玄人 河野吉伸の「この曲を聴け！」

オジー・オズボーンといえば「奇人」「変人」というイメージが強いですが、そんなどうしようもない日々を過ごす自分を例えたという曲が「クレイジー・トレイン」です。この歌によって、オジーはまっとうな道を歩もうと誓ったはずでした。「俺は、クレイジー・トレインのレールから、外れるのさ……」と歌うオジー。しかし結局は、まっとうな道を外れっぱなしということになってしまいましたね（笑）。

　この曲が収録されたアルバムは「ブリザード・オブ・オズ～血塗られた英雄伝説」です。ブラック・サバスを脱退後、1980年に発売されたソロ名義での初作品。この作品で、ギタリストのランディ・ローズの演奏は高く評価され「1980年代のHMギターサウンドの基本」とまで言われました。

●タイトル：ブリザード・オブ・オズ～血塗られた英雄伝説
●アーティスト：オジー・オズボーン
●ジャンル：ヘヴィーメタル
●リリース：1980年9月20日
●時間：43分
●レーベル：ソニー・ミュージックジャパンインターナショナル
●曲目：下記に記載
1．アイ・ドント・ノウ
2．クレイジー・トレイン
3．グッバイ・トゥ・ロマンス
4．ディー
5．スーサイド・ソリューション
6．ミスター・クロウリー（死の番人）
7．ノー・ボーン・ムービーズ
8．レヴェレイション（天の黙示）（マザー・アース）
9．スティール・アウェイ
10．ユー・ルッキン・アット・ミー・ルッキン・アット・ユー

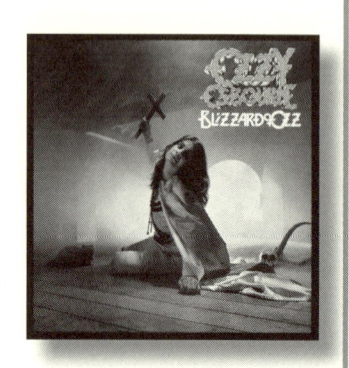

13 カート・コバーン様、ネヴァー・マインドです！

不法行為に基づく損害賠償請求（民法709条）／窃盗罪（刑法235条）／横領罪（刑法252条）

ここがポイント

最も身近な犯罪に「窃盗罪」と「横領罪」があります。ところで、カート・コバーンはインタビューで「ギターとは？」と問われ、「死んだ木」と答えました。カートのギターが「死んだ木」だとしても莫大な価値があるのは確実です。本章はカートの遺産盗難事件を題材に「窃盗罪」と「横領罪」を学びます。

1 当事者のプロフィール

今回の当事者はカート・コバーンさんです。

カート・コバーンさんが1987年にシアトルで結成したニルヴァーナは、グランジ・ロックブームを代表するバンドです。1991年にメジャーレーベルのゲフィンからリリースした2ndアルバム「ネヴァー・マインド」は全米1位を獲得し、当時のロックシーンに大きな影響を与えました。バンドは「スメルズ・ライク・ティーン・スピリット」の爆発的なヒットにより、1990年度のロック史に絶大な影響を与えました。

莫大な成功による重圧からなのかヴォーカル＆ギターのカート・コバーンさんはドラッグにのめり込んでいきます。そしてついには1994年4月5日、シアトルの自宅にてショットガンで頭を撃ち抜き自殺し、その後、バンドは解散してしまいました。それと同じくしてグランジロックのブームも急速に終焉を迎えることになりました。

2 ケース

2009年4月、**カート・コバーンさんが残した遺産が何者かに盗まれてしまいました**。日本円にして、なんと530億円ということです。どうやら、財産を管理していた会社に関係する何者かの仕業だと思うのですが……。どうなってしまうのでしょうか。

3 ケースの分析と解説

① 民事と刑事を並行して進めよう！

　コバーンさんの遺族としてはまずは財産の取り戻しを検討する必要があります。相手に対して民事上の請求を行っていきたいところですね。根拠は民法 709 条の不法行為に基づく損害賠償請求でしょうか。早速、相手に対して内容証明でも送りつけて……といきたいところですけど、今回のケースでは「**相手の所在もわからなければ、そもそも相手もわからないよ……**」という問題が起きるわけです。

　ですので、まずやるべきことは相手を探すということです。相手を見つけないことには、財産だって取り戻しようがないからです。このような状況は現実にもよく発生します。私の事務所にも誰の仕業かわからないけど、「俺の車に傷をつけられた」「車を盗まれた」「俺の土地に産業廃棄物を不法投棄された」といった相談が持ち込まれます。被害が発生しているのは明らかなので、法律を駆使して被害回復を行いたいところですが、請求する相手を特定することができないということがあるわけです。このような場合には、まずは相手を探さないことには何もできないということになってしまいます。

　それではどのように相手を探せばよいのでしょうか。

　今回のケースが刑事事件になれば、警察が犯人を探してくれます。**民事事件の場合には警察は協力してくれません**から、自分たちで相手を探さなければなりません。ですが、刑事事件では捜査機関が犯人を探してくれるのです。民間人である私たちは時間も情報網も限られていますし、強制的な捜査権限もありませんし、捜査のノウハウもありませんので、自分たちだけで相手を探すのは容易ではありません。私たちができることは、警察の捜査能力と比べると雲泥の差があるのです。ですので、**今回のケースは、先に刑事事件を進めて、相手がわかり次第、民事事件を進める**という対応が望ましいと考えます。

　どうしても民事事件は民事手続で、刑事事件は刑事手続で別々に考え

てしまいがちなのですが、そのような姿勢は望ましくはありません。民事手続か刑事手続かを問わず、まずは広い視野をもって全体を見渡した上で、解決に向けての見通しを考えていくほうが、解決に近づける場合は沢山あるのです。

　刑事手続を進める場合には、まずは最寄りの警察署に相談に行ってみてください。そして、その際には関係しそうな資料を一式持参した方がよいでしょう。資料が足りないと、警察から「それではまた資料を揃えてください。その上でまた説明にお越しいただけますか」と言われて、また改めて行かなければならなくなりますので、二度手間になりますし、何より警察官も資料がなければ何も判断ができません。ですので、ある程度の資料を揃えた上で、警察に相談に行くのが良いのです。

　たとえば、今回のケースでは、財産が無くなってしまったということですから、①**もともとどのような財産があったのか**、②**その財産はいつまで存在し、どのように管理されていたのか**、③**財産に関する重要書類や印鑑は誰がどのように管理していたのか**、④**財産に近づくことができたのはどこの誰か**などがわかるような資料を持参していくと、適切に警察に事情を説明することができると思います。相談すれば警察はすぐに捜査をしてくれると誤解されている方もいらっしゃいますが、そうではありません。警察も刑事事件になるかどうかの見通しがつかなければ、捜査を進めてくれることはありません。そのためには、相談する側も警察に状況を理解して貰うための努力が必要なのです。

② 財産がなくなった場合に成立する犯罪は？

　今回のケースでは、莫大な財産がなくなっています。このような場面で成立する犯罪はどのようなものがあるのでしょうか。

　自分の知らないうちに財産がなくなってしまった場合に検討が必要な犯罪は2つあります。1つは**窃盗罪**（刑法235条）で、もう1つは**横領罪**（刑法252条）です。

　まず、窃盗罪について刑法235条が「**他人の財物を窃取した者は、窃**

図 13-1　窃盗罪の成立要件

窃盗罪（刑法 235 条）	
①	他人の財物
②	窃取した者

↓

10 年以下の懲役又は 50 万円以下の罰金

盗の罪とし、10 年以下の懲役又は 50 万円以下の罰金に処する」と規定しています。窃盗罪が成立するためにはどのような要件が必要かについては、**図 13-1（窃盗罪の成立要件）**をご覧ください。「窃取」は、財物を占有（所持）している人（＝占有者）の意思に反して、財物の占有を取得することをいいます。**ひそかに取得するというところも重要**ですね。

　窃盗罪は全ての犯罪の中でも特に発生数が多い犯罪であると言われます。たとえば、車上狙い、空き巣、万引き、自転車泥棒、事務所荒らしなど、色んな犯行態様があるのも特徴ですね。

　窃盗罪は相手が占有しているものを、ひそかにとる点に特徴があります。ですので、今回のケースでも**遺族からひそかに遺産を盗んだ場合には窃盗罪（刑法 235 条）**が成立することになります。

　次に、横領罪について刑法 252 条は「**自己の占有する他人の物を横領した者は、5 年以下の懲役に処する**」と規定しています。横領罪が成立するためにはどのような要件が必要かについては、**図 13-2（横領罪の成立要件）**をご覧ください。窃盗罪とは違って、自分が預かっている（占有している）他人のものを自分のものにしてしまうのが横領罪ですね。たとえば、人から預かっている CD をそのまま自分のものにしてしまえば横領罪になるわけです。

　そして、仕事で他人のものを預かる人が横領するケースについては、責任が重くなっています。**業務上横領罪**と言います。刑法 253 条は「**業

図13-2　横領罪の成立要件

横領罪（刑法252条1項）	
①	自己の占有する
②	他人の物
③	委託信頼関係を破って
④	領得

5年以下の懲役

務上自己の占有する他人の物を横領した者は、10年以下の懲役に処する」となっています。仕事でものを預かっている人の方が責任は重いのです。「業務」というのは「社会生活上の地位に基づいて反復継続する意思によって行われる」ということですが、特に覚える必要はありません。要は仕事ですね。

窃盗と横領の区別を簡単にまとめますと、人の家からギターを持ち帰って自分のものにするのが「窃盗」で、借りていたギターをそのまま自分のものにするのが「横領」ですね。紛らわしく感じるかもしれませんが、一度理解していただけば、どうってことはありませんので、2つの違いをマスターしていただきたいと思います。

③ 今回のケースでは？

さて、今回のケースでコバーンさんの財産を盗んだのは、コバーンさんの財産を管理している会社の関係者ではないかと言われていますので、今回は横領罪が成立する可能性が高いのかもしれません。しかも業務上行われたということですから、業務上横領罪（刑法253条）が成立する可能性が高そうです。

進め方としては、刑事事件をある程度先行して進めてもらい、相手を特定し、相手が犯罪を認めた場合には、民事事件も進めて、とられた財

産を返して貰ったり、弁償して貰ったりということを進めていくという流れが現実的だと思われます。

ちなみに、コバーンさんの妻でありミュージシャンのコートニー・ラヴさんは、この530億円の財産が戻ってきたら、それをサブプライムローンで苦しんでいる人のために全額寄付するとのことです。ラヴさんも本当に素晴らしい心の持ち主ですね。

4 今回のケースで使用した法律

今回のケースでは窃盗罪（刑法235条）と横領罪（刑法252条）と業務上横領罪（刑法253条）について取り扱いました。窃盗罪と横領罪の区別は紛らわしい部分がありますが、相手の占有を奪うのが窃盗罪で、自分が占有している相手の所有物を着服してしまうのが横領罪です。**対象となる財物の占有を相手がしているのか、自分がしているのかで分かれてくるわけです。**「占有の所在が誰にあるかによって成立する犯罪が異なってくる」という点がポイントですので、この機会にしっかりとマスターしてくださいね。

> ●刑法235条（窃盗）
> 他人の財物を窃取した者は、窃盗の罪とし、10年以下の懲役又は50万円以下の罰金に処する。
> ●刑法252条1項（横領）
> 自己の占有する他人の物を横領した者は、5年以下の懲役に処する。
> ●刑法253条（業務上横領）
> 業務上自己の占有する他人の物を横領した者は、10年以下の懲役に処する。

5 まとめ 弁護士奥山倫行の「これで、サティスファクション」

ロックの世界では、とかく人の物を自分の物にしてしまいがちです。

このようなことをしてしまった場合には、あなたには罪の意識がなくても、あなたは罪を犯している可能性があるわけです。

　CDを借りっ放しのまま忘れていたり、アンプを借りっ放しにしていたり、エフェクターを借りっ放しにしていたり、革ジャンを借りっ放しにしていたり、なんてことはありませんでしょうか。既にあなたも犯罪を行っている可能性があるので、せっかくですので、この機会に身の回りの物品を一度チェックしていただきたいと思います。他の人の物が含まれていることもあるのではないでしょうか？

　かくいう私も、この原稿を書いているときに、ロック裁判所のプロデューサーから借りた本をそのまま持っていることに気づきました……。もちろん悪気はないのですが、でもこれは私の本ではありません。危険な状況に陥っていました。しかも入手が容易ではない素晴らしい本なのです。それが自分の手元にある……考えてみると、それだけに誘惑性が強いのです。でも、このまま返さなければ、横領罪（刑法252条1項）が成立する可能性があるわけですから、注意が必要なところです。ご迷惑おかけして申し訳ありません。早々に返却させていただかなければなりません。

　また、よくありがちなのが、ペンやライターです。どうでしょうか。会社の備品であるペンを勝手に持ち出したりしていませんか。友人から借りたライターを自分のものにしてしまっていませんか。心あたりのある方は是非速やかに返却していただきたいと思います。やはりこれらは横領罪（刑法252条1項）が成立する可能性がある危険な状況だからです。繰り返しになりますが、今一度、自身で所持品検査をお願いしたいと思います。

　それにしても不思議なものです。人から借りたものであっても、自分で使っているうちに、徐々に愛着がわいてきます。何となく自分のもののような気がしてくることはありませんでしょうか。私もそのようなことはあるのですが、きっとこの気持ちがまずいのだと思います。どこまでいっても他人のものは他人のものなのです。そこを履き違えてしまう

と、大問題に発展していきます。この罪の意識、難しい言葉では規範意識と言いますが、それが鈍ってくると人は犯罪に手を染めがちなのです。自分と自分の悪い気持ちと誘惑に背を向けて自分を律しながら生活していくことが、現代社会に生きる私たちの務めなのだと感じます。

　よく世間では「カリパク」と言われます。借りたまま（カリ）、そのものを自分のものにしてしまうこと（パクリ）を表現する言葉です。この「カリパク」こそ、横領なのです。私も6年から7年くらい前だったでしょうか、誰かにオーティス・レディングのCDを貸したはずなのですが、未だに返ってきません。記憶違いかもしれませんが、誰かに貸したような記憶はあるのです。でも、それが誰だったのか、いつだったのか……悩ましい問題です。もしこの本を読んで情報を知っている方がいれば併せて情報提供をいただきたいと思います。よろしくお願いいたします。

　話が散らかってきたので、まとめさせていただきます。他人から無断で他人のものを持ってきてしまえば窃盗罪（刑法235条）、他人から預かっていたり借りたりしているものを勝手に自分のものにしてしまえば横領罪（刑法252条）です。いずれにしても犯罪です。ですので、他人のものは他人のもの、自分のものは自分のもの、法治国家に住む社会人としては、「規範意識」をもって、その区別をしっかりとつけながら社会生活を営まなければなりません。ロッカーだって同じです。ロッカーである前に法治国家に住む社会人だからです。そういった区別がしっかりと身につけば、社会もサティスファクションですね。

☞ おさらいポイント

①窃盗罪とはどのような犯罪でしょうか？
②横領罪とはどのような犯罪でしょうか？
③窃盗罪と横領罪の違いはどこにあるでしょうか？
④「規範意識」とは何でしょうか？

COLUMN ロックの玄人 河野吉伸の「この曲を聴け！」

　今回ご紹介する曲は、カート・コバーンが生前最後にレコーディングした曲「ユー・ノウ・ユーアー・ライト」です。1994年のカート・コバーンの死から8年後、2002年10月に発売されたニルヴァーナのベスト・アルバム「ニルヴァーナ」に収録されました。この曲は、ボックスセットに収録して発表することを主張したバンド側と、ベストアルバムに収録する形で発表することを主張する妻コートニーとレコード会社側の考えが衝突し、法廷闘争にまで発展したいわくつきの曲でもあります。カート・コバーンの揺れ動く苦悩を表現した作品が、彼の亡きあと、残された人たちによって争いの原因となってしまった。天国のカートはこの争いをどう思っていたんでしょうね。

- ●タイトル：ニルヴァーナ
- ●アーティスト：ニルヴァーナ
- ●ジャンル：グランジロック
- ●リリース：2002年10月29日
- ●時間：49分34秒
- ●レーベル：ゲフィン・レコード
- ●曲目：下記に記載

1. ユー・ノウ・ユーアー・ライト
2. アバウト・ア・ガール
3. ビーン・ア・サン
4. スリヴァー
5. スメルズ・ライク・ティーン・スピリット
6. カム・アズ・ユー・アー
7. リチウム
8. イン・ブルーム
9. ハートシェイプト・ボックス
10. ペニーロイヤル・ティー
11. レイプ・ミー
12. ダム
13. オール・アポロジーズ
14. 世界を売った男
15. サムシング・イン・ザ・ウェイ（日本盤のみ）
16. ホエア・ディド・ユー・スリープ・ラスト・ナイト（イギリス・日本盤のみ）

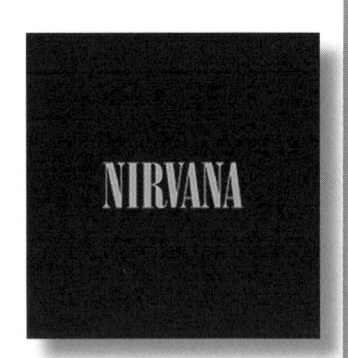

14 グラミー受賞者コールドプレイの嘆き「知らないっつーの、聞いてないっつーの」

著作権侵害に基づく差止請求権（著作権法112条）

ここがポイント

「この世にはアダムとイブが残した曲がひとつあるだけだ。他はそのバリエーションだ」というキース・リチャーズの名言がありますが、ロックの世界では著作権を巡る紛争と名言があります。この章では、著作権物の保護、著作権侵害、そして侵害に対しどのような主張が認められるのか学びます。

1 当事者のプロフィール

今回の当事者はコールドプレイ（COLDPLAY：ロックバンド）さんです。

コールドプレイさんは、1997年、イギリス・ロンドンで結成された4人組バンドです。繊細かつ壮大な世界観の中で奏でられる美しいメロディーが特徴のバンドです。21世紀でもっとも成功したバンドと言われたりもします。2000年にデビューアルバム「パラシューツ」をリリースしました。その後もコンスタントにアルバムリリースを重ね、2008年にリリースされた4枚目のアルバム「Viva La Vida（邦題：美しき生命）」のタイトル曲「Viva La Vida（邦題：美しき生命）」が、グラミー賞で最優秀楽曲賞ほか3部門を獲得し、大ブレイクを果たしました。

2 ケース

今回のケースはコールドプレイさんが2008年にリリースした「Viva La Vida」に関する話です。大ベテランロックギタリストであるジョー・サトリアーニ氏が、アルバムタイトルにもなっているこの曲を、自身が2004年に発表したアルバム「Is There Love in Space？」に収録されているインストルメンタル曲「If I Could Fly」とそっくりだとしてコールドプレイさんに説明を求めます。ジョー・サトリアーニ氏は「このパクリ野郎！」と噛み付いて、コールドプレイさんを訴えます。

コールドプレイさんは「全くの偶然」「ジョー・サトリアーニさんは

偉大な音楽家ですが『Viva La Vida』は彼の曲から影響を受けて書いたものではない」と盗作疑惑を完全に否定しました。他方で、サトリアーニ氏は、「Viva La Vida」が発表された後から何度もコールドプレイ側に説明を求めたもののコールドプレイ側が無視しづけて裁判を起こさざるを得なかったと説明しています。

ちなみに「Viva La Vida」に関してはサトリアーニ氏以外にも10人以上の人から訴えが提起されているとのことでした。

ついにグラミー賞を獲ったのに、**そっくりな曲が他にあるとして訴えられてしまったコールドプレイさんは、どうすればよいのでしょうか。**

3 ケースの分析と解説

① 著作物とは？

今回のケースは、著作権侵害の事案です。

そもそも、著作物とは何でしょうか？

著作権法は著作物を「**思想又は感情を創作的に表現したものであって、文芸、学術、美術又は音楽の範囲に属するもの**」（著作権法2条1項1号）と定義づけています。

要は、自分が独自に考えたり、感じたりしたものを、自分なりの方法で文章や音楽や造形などで表現したものが著作物に該当するということです。図14-1（**著作物**）をご覧ください。様々な分野で著作物としての保護が与えられていることにお気づきいただけるかと思います。

そして、実際の裁判では、そもそも「著作物なのか？」ということが争われることがありますが、誰かの真似をしないで自分で作りだしたものであれば、著作物として認められます。たとえば、新聞チラシの裏面に書いた絵や、手帳の余白に描いたキャラクターなども著作物として認められます。誰かの真似をしないで自分で作りだしたものには「創作性」があります。このような「創作性」のあるものを著作物として認めて法の保護を与えることで、文化や文明の発展に繋げていくというの

図14−1（著作物）

著作物 （著作権法2条1項1号）	思想又は感情を創作的に表現したものであって、文芸、学術、美術又は音楽の範囲に属するもの

↓

典型的な著作物（著作権法10条1項1号〜9号）	
1	小説、脚本、論文、講演その他言語の著作物
2	音楽の著作物
3	舞踏又は無言劇の著作物
4	絵画、版画、彫刻その他の美術の著作物
5	建築の著作物
6	地図又は学術的な性質を有する図面、図表、模型その他の図形の著作物
7	映画の著作物
8	写真の著作物
9	プログラムの著作物

が、著作権法の目的でもあるわけです。

さて、今回のケースではコールドプレイさんがサトリアーニ氏の著作物である「If I Could Fly」を無断で利用して「Viva La Vida」を制作したとして、サトリアーニ氏からコールドプレイさんは著作権侵害として訴えられているわけですね。

② 著作権侵害とは？

どのような状況が生じたら著作権侵害に該当するでしょうか。

この点については、正当な理由なく著作権者の許諾なしに著作物を利用した場合には著作権侵害に該当すると考えられています。具体的には、著作権侵害に該当するか否かは、①（侵害者に）**既存の作品に接する機会があったか（既存の作品へのアクセスが認められるか）**、②**作品同士の類似性が認められるか**という2つのポイントから判断されます。

まず、既存の作品に接することなく新しく作られた作品は、たまたま

似ていただけで著作権侵害に該当するということはありません。既存の作品に接することができない以上は、既存の作品を真似しようにも真似できないからです。このような「偶然の一致」は著作権侵害には該当しないと考えられています。

次に、作品同士の類似性が認められなければ著作権侵害には該当しません。この類似性は「何となく似ている」というのでは駄目です。著作物の本質的な部分、すなわち創作的な部分が似ていなければなりません。単なるイメージではなくて作品の細部まで似ているような場合でなければならないと考えられています。

今回のケースでは、①コールドプレイさんが「Viva La Vida」（2008年）の発表前にサトリアーニ氏の「If I Could Fly」（2004年）を聴いて、その影響を受けて、「Viva La Vida」を作ったのかどうか、②「Viva La Vida」と「If I Could Fly」は創作的な部分で本当に似ているのかということが争点になるわけです。これらのいずれもが肯定されれば、サトリアーニ氏の著作権侵害の主張は認められますし、これらのいずれかが否定されれば、サトリアーニ氏の著作権侵害の主張は認められません。

③ 著作権侵害の効果は？

今回のケースで、仮にコールドプレイさんにサトリアーニ氏に対する著作権侵害が認められると、サトリアーニ氏はコールドプレイさんに対し、サトリアーニ氏の保有する著作権に基づいて、①**差止請求（著作権法112条1項）**、②**損害賠償請求（民法709条）**、③**名誉回復等の措置請求（著作権法115条）**を行うことができます。

差止請求というのは、CDなどによる楽曲の販売差止です。

損害賠償請求というのは、コールドプレイさんにサトリアーニ氏の著作権が侵害されたことによってサトリアーニ氏が被った損害の賠償です。損害を具体的にどのように算定して請求することができるのかについては、著作権法に規定があります。実務上は重要なところなのですが、今回のケースには直接大きな関連はありませんのでここでは触れません。

最後に名誉回復等の措置というのは、新聞やホームページに謝罪広告や謝罪文を掲載させるということです。「著作権侵害をしてしまいました……著作権者や関係者の皆さまには多大なる迷惑と損害を与えてしまい失礼いたしました」といったような内容の文章を一定期間提示させるというイメージです。それによって、著作権者や著作物の名誉や評価を維持したり、市場に生じる混乱を防止したりする意味合いがあるわけです。

④ 今回のケースへのあてはめ

　今回のケースではまず2つの曲を聴き比べて欲しいと思います。

図14-2（著作権侵害と著作権侵害の効果）

著作権侵害とは
正当な理由なく著作権者の許諾を得ずに著作物を利用する場合

著作権侵害の要件		
1	アクセス (既存の作品に接する機会があったか)	偶然一致した場合には著作権侵害にはあたらない
2	作品同士の類似性	他人の著作物の創作的な部分を利用しているかどうか 単なるイメージではなく作品の細部にわたってまで類似しているかどうか

著作権侵害の効果		
1	差止請求 (著作権法112条1項)	侵害行為が行われていれば停止させることができる 将来侵害が予想される場合には予防措置を要求出来る
2	損害賠償請求 (民法709条、民法703条、704条)	侵害行為によって著作権者に生じた損害の賠償を請求できる
3	名誉回復等の措置請求 (著作権法115条)	著作者人格権を故意又は過失によって侵害した者に対して、名誉声望等の回復措置を要求できる

いかがでしょうか。たしかに2つの曲はとてもよく似ているように感じます。時間的にもサトリアーニ氏の「If I Could Fly」は2004年に発表されており、その後、コールドプレイさんの「Viva La Vida」が2008年に発表されています。そうするとコールドプレイさんがサトリアーニ氏の楽曲を聴いていた可能性は否定できません。ただ、可能性があったということと実際にサトリアーニ氏の楽曲を真似したというのは別の話です。実際にコールドプレイさんは「ジョー・サトリアーさんは偉大な音楽家ですが『Viva La Vida』は彼の曲から影響を受けて書いたものではない」と主張しています。

したがって、実際にコールドプレイさんがサトリアーニ氏の作品にアクセスしたのか否かが状況証拠などから判断されることになります。たとえば、コールドプレイさんがサトリアーニ氏の作品を聴いていた、コールドプレイのメンバーがサトリアーニ氏の曲を購入していた、サトリアーニ氏の作品に対する感想をTwitterなどで呟いていたなどですね。

次に、類似性についてですが、両方ともほぼ同じようなコード進行のようにも思われますが、同じようなコード進行やメロディーは探していけば他にもあるのではないでしょうか。世界中には物凄く多くの音楽が溢れています。個人的には第一印象は似ているなあと感じましたが、聞けば聞くほど、コールドプレイさんの「Viva La Vida」はコールドプレイさんの個性が詰まっているように感じますし、サトリアーニ氏の「If I Could Fly」もまたサトリアーニ氏の個性が詰まっているような気もします。そもそもロックの楽曲は、リズム、コード進行、リフなどで構成されますが、そのパターンは有限であり組み合わせも限られている上、同じような楽器で演奏するので、どうしても似てくる可能性があるわけです。よって、「結果的に、多少、似てしまうのもしょうがない」という部分も無いわけでは無いかもしれません。

ここでは詳しくは取り上げませんが、**実際の裁判ではもっと細かいところまで配慮した主張立証が行われます**。コード進行の同一性、楽譜に基づいて使っている音の数や使われている音域やリズム展開などの詳細

が比較されることになるのです。

　なお、**実際のケースでは、最終的にサトリアーニ氏が訴えを取り下げて裁判が終了している**ということですので、白黒の決着はつきませんでした。金銭的な示談がされたかどうかも明らかにされていません。著作権侵害を考えるのには絶好のケースですし、このようなケースは他にも沢山存在するところですので、まずは、大筋の考え方をマスターしていただければと思います。

4 今回のケースで使用した法律

　今回は著作物とは何か、著作権侵害とは何か、著作権侵害の効果はどうなるのかといった話をさせていただきました。いずれも著作権に関して重要な条文ですので、この機会にマスターしておいていただければと思います。

●著作権法21条
著作者は、その著作物を複製する権利を専有する。
●著作権法112条第1項
著作者、著作権者、出版権者、実演家又は著作隣接権者は、その著作者人格権、著作権、出版権、実演家人格権又は著作隣接権を侵害する者又は侵害するおそれがある者に対し、その侵害の停止又は予防を請求することができる。

---

5 まとめ　弁護士奥山倫行の「これで、サティスファクション」

　ロックの世界では、とかく「オレの曲に似ているな……」「ひょっとして、パクっちゃった？」「おい！　パクってんじゃーねよ！」という問題が浮上しがちです。限られた音の数や同じような楽器を使って演奏される以上は、フレーズが似通ってくることはある程度やむを得ない実情だったりもします。他方で、実際に自分の楽曲を創作する際には、創

作者は自分の全人格をかけて楽曲を制作するわけです。そこには並々ならぬ想い入れがあるものです。今回のケースでも、サトリアーニ氏は彼女への愛を表現するために10年以上も温めて作った想い入れのある曲だったとのことです。そのようにして制作された楽曲を誰かがあたかも自分のもののように利用して発表したら……その断腸の想いもわかります。実際にサトリアーニ氏は「最初は心臓に短剣が突き刺さったような衝撃」と当時の心境を表現しています。

　実際の訴訟ではサトリアーニ氏が訴訟を取り下げて解決したとのことで、和解したのか、コールドプレイさん側が謝罪したのか、金銭的合意が得られたのかその内容は明らかではありません。ただ、今回のケースの推移をみながら、**ロックが好きな弁護士として感じることがあります**。それは、当初のコールドプレイさんの対応の仕方が今いちだったのではないかということです。サトリアーニ氏は20年以上もロック・ギター・インストの世界でトップギタリストとして君臨している大御所の1人です。事を明るみにする前に何度も何度もコールドプレイさんに話し合いを持ちかけたにも関わらず、コールドプレイさんは無視し続けたといいます。それでどうしようもなくなってサトリアーニ氏は法廷で闘うという方法をとらざるを得なかったとのことです。

　最初からコールドプレイさんが誠実にサトリアーニ氏に向き合っていたら事態は法廷闘争まで発展せずに収束できた可能性も高かったのではないかと感じます。また、著作権侵害の主張を退けるためとはいえ、もしかしたらサトリアーニ氏は「一度も聞いたことがない」といったコールドプレイさんの発言に対して、80年代から現在に至るまで第一線で活躍を続けてきた名ギタリストとしてのプライドが傷つき、激高した可能性もあるように思います。今回のケースは何となく後味の悪い、お互いの名誉を傷つけるような結果が残っただけと感じています。

　ちなみに、音楽業界ではこの種の紛争は後を絶たないのですが、私の大好きなローリング・ストーンズもこのような紛争に巻き込まれたことがあります。

ローリング・ストーンズが1997年に発表したアルバム「Bridges to Babylon」（ブリッジズ・トゥ・バビロン）に収録された「Anybody Seen My Baby？」（エニバディ・シーン・マイ・ベイビー？）のコーラス部分が、K・D・ラングのヒット曲「Constant Craving」に似ているとして、クレームがついたことがありました。ちなみに「Anybody Seen My Baby」のPVにはまだあまり有名じゃなかったアンジェリーナ・ジョリーがストリッパー役として出演しています。それにまつわるミック・ジャガーとアンジェリーナ・ジョリーとのエピソードも面白いのですが、ここでは触れません。

　さて、この2曲もたしかに似ていますよね。ストーンズはすぐに「Constant Craving」の作曲者であるK・D・ラングとベン・ミンクを作品のクレジットに記載して訴訟が起こされるのを回避しました。まさに大人の対応ですね。紛争の種を早期に発見してできるだけ早く紛争の芽を摘むことが大切なのです。それによってお互いやお互いの作品のイメージを害することなく、煩わしい紛争を回避するという姿勢が重要です。ローリング・ストーンズから紛争解決のあるべき姿勢を学べるそんなケースですね。

　大切なのは他人への想いやりと礼儀・礼節の維持なのです。会社でもアルバイト先でも、人間関係を円滑にするためには、年上の人や先輩を立てるという気持ちを忘れてはいけませんよね。そうすれば、先輩も現代っ子もサティスファクションです。

☞ **おさらいポイント**

①「著作物」とは何でしょうか？
②「著作権侵害」に該当するか否かはどのように判断されるのでしょうか？
③著作権を侵害された場合には、侵害者に対して何を請求できるのでしょうか？

COLUMN ロックの玄人 河野吉伸の「この曲を聴け！」

　今回のケースの題材となった「美しき生命」をご紹介しましょう。この曲は、コールドプレイが2008年に発売した4枚目のアルバム「美しき生命」に収録されています。全米・全英ともに1位を獲得。第51回グラミー賞では、最優秀レコード賞、最優秀楽曲賞、最優秀ヴォーカル入りポップパフォーマンス（デュオもしくはグループ）賞の3部門にノミネートされ、最優秀レコード賞を除く2部門を受賞しました。また、iPodのCMソングに起用されたことでも有名です。

　曲は、ストリングスや打楽器にのせた美しいメロディラインが特徴で、歌詞も史実や宗教的な内容を含んでおり素晴らしい仕上がりになっています。

- ●タイトル：美しき生命
- ●アーティスト：コールドプレイ
- ●ジャンル：オルタナティブロック
- ●リリース：2008年6月11日
- ●時間：50分
- ●レーベル：EMIミュージック・ジャパン
- ●曲目：下記に記載
  1. 天然色の人生
  2. 哀しみのロンドン
  3. ロスト！
  4. 42
  5. ラヴァーズ・イン・ジャパン
  6. Yes
  7. 美しき生命
  8. ヴァイオレット・ヒル
  9. ストロベリー・スウィング
  10. 生命の幻影
  11. ロスト？（日本盤のみ）

15 ボン・ジョヴィ？ジョン・ボヴィ？

周知表示混同惹起行為（不正競争防止法2条1項1号）／
著名表示冒用行為（不正競争防止法2条1項2号）

> **ここがポイント**
>
> 「いくら身体がボロボロだろうと、きれいに日に焼けてりゃ人は健康だと思うものなんだ」とキース・リチャーズが言うように、人は見かけだけでは判断できません。とはいえ、見かけや見た目に蓄積された一定の価値を保護する法律があります。

1 当事者のプロフィール

今回の当事者はボン・ジョヴィ（BON JOVI：ロックバンド）さんです。

ボン・ジョヴィさんは、アメリカ合衆国、ニュージャージー州出身のロックバンドです。リーダー兼ヴォーカリストのジョン・ボン・ジョヴィさんとキーボードのデヴィッド・ブライアンさんを中心に結成されました。1984年に「夜明けのランナウェイ」でデビューしました。キーボードを多用したメロディアスな楽曲が特徴的ですね。デビュー当初は、出身国のアメリカよりもむしろ日本で人気がありましたが、1986年にリリースした3枚目アルバム「ワイルド・イン・ザ・ストリーツ」が8週間に渡り全米で1位を記録し、2004年には、全世界アルバムトータルセールスが1億枚を突破し、名実ともに世界的に人気を得ることとなりました。

2 ケース

今回のケースは、ボン・ジョヴィさんとよく似た名前のバンドが出現したというケースです。

L.A.出身の女の子5人組バンドは、ボン・ジョヴィさんのトリビュートバンドでした。バンド名として「ブロンド・ジョヴィ」を名乗ります。しかし、**ボン・ジョヴィさんの側から「名前が紛らわしいので変えなさい！」**という書面が送られました。現在、彼女たちは、「ブロンド・ジャージー」と名前を変えて活動しておりますが……。

3 ケースの分析と解説

① 不正競争行為とは？

　今回のケースは、ボン・ジョヴィさんが、ブロンド・ジョヴィに対して名称使用行為の差止を求めたという事案です。まずは、ボン・ジョヴィさんの請求はどのような根拠に基づいているのかを確認しましょう。

　ボン・ジョヴィさんの請求の根拠は**不正競争防止法**という法律です。

　不正競争防止法は、公正な競争を阻害する一定の行為を禁止することによって、適正な競争を確保し、公正な市場を確保することを目的とする法律です。資本主義社会では自由競争が基本です。ですが、何でもかんでも自由ということになると混乱状態、すなわち「カオス」が生じます。弱肉強食の無秩序な状況が生じる可能性があるわけです。

　たとえば、競争相手の足を引っ張るような嘘の情報を流すと、消費者も惑わされますし、市場も混乱します。他人が苦労して考えだした商品の形態をそっくりそのまま真似てしまったりすれば、一所懸命、苦労と研究を重ねて商品の形態を考えた人の汗や努力は報われません。産業スパイが暗躍して営業秘密を不正に取得して漏えいしたりすると、騙し合いが始まる可能性があります。粗悪品や模倣品が沢山出回ると消費者は安心して商品を購入することができなくなります。こんな状態は望ましくありません。

　自由競争といっても一定の守るべきルールがあった方が良いのではないか、不正な競争を排除して公正なルールの中で正々堂々と自由に競争しようじゃないか、ということで一定のルールが作られました。そのルールを定めているのが不正競争防止法なのです。

② 商品やサービスの名称の使用に関するルールはどうして必要なの？

　今回のケースは名称の使用に関するものです。詳しくは後ほど個別の項目で説明しますが、**不正競争防止法2条1項1号（周知表示混同惹起**

行為）と不正競争防止法2条1項2号（著名表示冒用行為）は、他人の名称と同一又は類似する名称を第三者が使用することが不正競争行為に該当すると規定しています。

　どうしてこのような行為を不正競争行為として排除する必要があるのでしょうか。この点については、商品や名称が使用されていく経緯から考えると理解しやすいのではないかと思います。

　たとえば、アンビシャス総合法律事務所という名称を用いて、リーガルサービスを提供する場合で考えてみましょう。なお「アンビシャス総合法律事務所」は安藤誠悟弁護士と私が一緒に経営している法律事務所の名称です。

　さて、我々がアンビシャス総合法律事務所の名称で、リーガルサービスを続けていくことによって、時間をかけて次第に社会からの信頼や評判が生まれていきます。アンビシャス総合法律事務所の名前で事務所を構え、ビルの袖看板に「アンビシャス総合法律事務所」と記載したり、裁判所に提出する書類や対外的に送付する書類に「アンビシャス総合法律事務所」という名称を記載したりして、他の法律事務所とは区別しながら業務を行っていくわけです。このように「アンビシャス総合法律事務所」という名称を使いながら業務を行っていくことで、「アンビシャス総合法律事務所」は他の法律事務所と区別されていくわけです。名称が持つこのような機能は「**識別機能**」といわれます。

　さて、このように「アンビシャス総合法律事務所」という名称の使用を続けてコツコツと頑張っているうちに、クライアントも増えて、対外的にも「あの事務所は、まあちゃんとしているな」という信用を得ることができるようになるかもしれません。クライアントの中には「あそこに任せておけば大丈夫だ」と言ってくれるところもでてくるかもしれません。「アンビシャス総合法律事務所」という名称が一定のリーガルサービスの質を保証してくれるようになるわけです。名称が持つこのような機能は「**品質保証機能**」といわれます。

　さらに、「アンビシャス総合法律事務所」という名称の使用を続けて

コツコツと頑張っているうちに、将来的には、「何かあったらアンビシャス総合法律事務所にお願いしよう」「アンビシャス総合法律事務所にお願いしたら裁判に勝てるようだ」「アンビシャス総合法律事務所なら信頼できる」「あそこならきっと何とかしてくれる」といった名声が聞こえ始めて、トラブルが起きたり、紛争が生じたりした場合に「アンビシャス総合法律事務所じゃなきゃ駄目だから、あそこにお願いしよう」といった風潮ができるかもしれません。名称が持つこのような機能は「**顧客誘引機能**」といわれます。

この例はまったくの妄想に過ぎませんが……自分の所属している法律事務所がそのような法律事務所になったら素晴らしいと思いますし、引き続きコツコツと頑張っていこうと思いますので、宜しくお願いいたします。

それにしても、このような評判や名声を得るためには、相当な努力が必要なはずです。良い評判や名声は、今日や明日の努力があれば獲得できるものではありません。良い評判や名声を得るためには、コツコツと日々の努力を続けて、信用を積み重ね続けていかなければなりません。膨大な汗と努力と時間をかけなければ、良い評判や名声を得られることはできないのです。頑張っていくうちに「アンビシャス総合法律事務所」の名称にはそれだけの価値が付加されていくわけです。

それでは、長い期間をかけて頑張ってようやく良い評判や僅かばかりの名声が聞こえ始めたころに、他の人が「アンビシャス総合法律事務所」と同じ名称や、似たような「アンビジャス総合法律事務所」といった名称の使用を開始したらどうでしょうか。

本来の「アンビシャス総合法律事務所」のクライアントは混乱するでしょうし、「今度何か起きたらアンビシャス総合法律事務所にお願いしよう」と考えてくれていた人もどちらの法律事務所にお願いしたらよいかわからなくなり混乱が生じます。何より、我々だって、自分たちが長い期間をかけて頑張ってようやく獲得した良い評判や僅かばかりの名声にただ乗りされることには納得いきません。また名称の真似をしている

図 15-1　著名な名称が有する機能と保護の必要性

ローリング・ストーンズ	1962 年 4 月にロンドンで結成された。半世紀にわたり 1 度も解散することなく第一線で創作活動を続けている世界的に著名なバンド。

	「ローリング・ストーンズ」の名称に付随する機能	具体例
1	識別機能	ストーンズはストーンズだ！　他のバンドとは違う！
2	品質保証機能	ストーンズの出したアルバムだから内容は間違いないはず。キースのリフが最高に格好いいはず。ロニーとのギターの掛け合いも楽しみだ。
3	顧客誘引機能	ストーンズが来日するから観に行かなきゃ！

「ローリング・ストーンズ2」というロックバンドが勢力的に活動を開始……

↓

	弊害	具体例
1	フリーライド（ただ乗り）	ストーンズの有する膨大な名声や信用（顧客誘引力）にただ乗り
2	ダイリューション（希釈化）	ストーンズの名称にあやかろうとするバンドが増えると著名なストーンズがもつ顧客吸引力が希釈していく
3	ポリューション（汚染化）	ローリング・ストーンズ2の演奏や活動がダサければストーンズのイメージが汚染されて悪化していく……

法律事務所が不祥事や粗悪なリーガルサービスを提供したり、お粗末なリーガルサービスしか提供できなかったりすると、真面目にコツコツと信頼を獲得してきた本来の「アンビシャス総合法律事務所」まで悪影響を与えられてしまう可能性もあるわけです。

　このような事態は防がなければなりません。そうしなければ一所懸命頑張っている人が報われない結果になってしまうからです。そのため、不正競争防止法２条１項１号（周知表示混同惹起行為）と不正競争防止法２条１項２号（著名表示冒用行為）の規定が設けられているのです。今回は「アンビシャス総合法律事務所」の名称で説明させていただきましたが、「アンビシャス総合法律事務所」の部分をあなたのアルバイト先や会社の名称に置き換えて考えてみてください。きっと理解が深まると思います。

③ 不正競争防止法２条１項１号
（周知表示混同惹起行為）

　今回のケースでは不正競争防止法２条１項１号（周知表示混同惹起行為）と不正競争防止法２条１項２号（著名表示冒用行為）が問題になりますが、以下、順に説明させていただきます。まずは、不正競争防止法２条１項１号（周知表示混同惹起行為）についてです。

　長々と難しい条文ではありますが、不正競争防止法２条１項１号によると、「他人の商品等表示（人の業務に係る氏名、商号、商標、標章、商品の容器若しくは包装その他の商品又は営業を表示するものをいう。以下同じ。）として需要者の間に広く認識されているものと同一若しくは類似の商品等表示を使用し、又はその商品等表示を使用した商品を譲渡し、引き渡し、譲渡若しくは引渡しのために展示し、輸出し、輸入し、若しくは電気通信回線を通じて提供して、他人の商品又は営業と混同を生じさせる行為」が不正競争行為に該当すると定めています。

　１回読んだだけですと、何のことやら……とお感じになるかもしれませんが、分解してみるとわかりやすくなると思います。すなわち、不正

競争防止法2条1項1号（周知表示混同惹起行為）は、①**他人の商品等表示**として、②**需要者の間に広く認識されているもの**と、③**同一若しくは類似の商品等表示**を、④**使用**したり、⑤**展示**したりして、⑥**混同を生じさせる行為**を不正な競争行為であると定めているのです。

それでは、①ないし⑥について、もう少し詳しく説明させていただきます。

まず、①他人の商品等表示とありますが、これは商品やサービスの名称だったり、会社の商号やロゴマークだったり、商品だったりサービスの名称やシンボルを指します。不正競争防止法も「他人の商品等表示」については「人の業務に係る氏名、商号、商標、標章、商品の容器若しくは包装その他の商品又は営業を表示するものをいう」と定義しています。ある事業者の商品又は営業を表示するものであれば不正競争防止法の保護の対象となりえます。

今回のケースでは「ボン・ジョヴィ」の名称が「他人の商品等表示」にあたるかということが問題になりますが、「ボン・ジョヴィ」の名称は、ジョン・ボン・ジョヴィとキーボードのデヴィッド・ブライアンを中心に1984年に結成されたロックバンドを示す名称として、「**商品等表示」に該当する**と考えます。

次に、不正競争防止法2条1項1号（周知表示混同惹起行為）の保護を受けるためには、その商品等表示が、②「需要者の間に広く認識されている」（＝周知性）ものでなければなりません。需要者というのは今回のケースではロックファンだったり、ロック業界の人だったりです。ボン・ジョヴィさんが世界的に著名なロックバンドであることは疑いがありませんので、**ボン・ジョヴィさんの名称は需要者の間に広く認識されている商品等表示に該当**します。

続いて問題になるのが、③ボン・ジョヴィとブロンド・ジョヴィの両方の名称に類似性が認められるかです。この類似性の要件に関しては、裁判実務でもよく争われます。これまで確立されてきた裁判例によると、名称が類似しているかどうかの判断に際しては、「取引の実情のも

とにおいて、取引者、需要者が、両者の外観、呼称、または観念にもとづく印象、記憶、連想などから、両者を全体的に類似のものとして受け取る恐れがあるか否か」を基準にするとされています。

　どうでしょうか。ボン・ジョヴィとブロンド・ジョヴィの両方の名称には類似性は認められるでしょうか。「類似性」の判断は、バンド構成や楽器構成や楽曲の同一性などは考慮せず、**単純に名前が似ているかどうかを比べます**。そしてその判断の際には、表記や発音が紛らわしいかどうかなどが比較検討されます。裁判の実務では「外観」（表記の見た目）、「称呼」（口にだして発音した際にどのように聞こえるか）、「観念」（表記や音からどのような印象を受けるか）の類否が比較されますが、その中でも「称呼」が重視される傾向にあると言われています。

　そもそもこういったケースでは、似通った名前もダメです。「ボン・ジョヴィ」は「BON JOVI」と表記されますが、「BON JOBI」や「BON JOVE」はアウトです。今回のケースの「ボン・ジョヴィ」と「ブロンド・ジョヴィ」はどうでしょうか。一度、実際に口にだして発音してみてください。できれば、ネイティブのように少々早口にして巻き舌気味で繰り返しつぶやいてみてください。しかもそれを繰り返してみてください。5回、10回と音に出して繰り返してみるとどうでしょうか。**だいぶ音が似てしまうことにお気づきになりましたでしょうか**。

　今回のボン・ジョヴィさんとブロンド・ジョヴィは類似していると判断される可能性が高いかもしれません。実際の裁判では、それだけではなく、字体や文字の大きさやフォントや使用態様など、そういった細かなところも検討して類似性が判断されることになります。

　さらに、ブロンド・ジョヴィがブロンド・ジョヴィの名称を用いることによって、⑥ファンや関係者に混同が生じている場合でなければなりません。この点はいかがでしょうか。

　さすがにボン・ジョヴィさんほどのロックバンドであれば、かなり多くの人は、「ボン・ジョヴィ」といえばボン・ジョヴィさんしか連想しないでしょうし、ボン・ジョヴィさんはガールズバンドでもありません

図15-2　不正競争防止法2条1項1号

不正競争防止法2条1項1号（周知表示混同惹起行為）	
1	他人の商品等表示として
2	需要者の間に広く認識されているものと
3	同一若しくは類似の商品等表示
4	使用
5	譲渡し、引渡し、譲渡若しくは引渡しのために展示し、輸出し、輸入し、若しくは電気通信回線を通じて提供して
6	混同を生じさせる行為

違反したら		
1	差止請求 （不正競争防止法3条）	侵害の予防又は停止
2	損害賠償請求 （不正競争防止法4条）	損害の賠償
3	信用回復措置請求 （不正競争防止法14条）	信用を回復するために必要な措置
4	刑事罰 （不正競争防止法21条2項1号）	不正の目的をもって違反したら……5年以下の懲役若しくは500万円以下の罰金

から、実際に混乱が生じる可能性は低いのかもしれません。それでもロッカーやロックファンやあまり音楽に興味がない人にとっては「ボン・ジョヴィ」と「ブロンド・ジョヴィ」は紛らわしく、混乱を生じる可能性も大きいかもしれません。また、場合によっては似た名前を用いている以上、ブロンド・ジョヴィはボン・ジョヴィと**何らかの関係のあるバンドではないかといった見方**もされてしまうかもしれません。そういった観点からはボン・ジョヴィさんとブロンド・ジョヴィの両者の名称には混同のおそれがあると考えられるのではないでしょうか。

　このあたりの主張立証は実務上も苦労するのですが、混同のおそれが

あることについては、実際の混同ケースやアンケート調査などを証拠として提出しながら裁判所に判断してもらうことになります。今回のケースでいえば、ボン・ジョヴィさんの所属事務所にブロンド・ジョヴィ宛の連絡や問い合わせが頻繁にきたとか、一般の人にアンケートに協力してもらってボン・ジョヴィとブロンド・ジョヴィの両名称に接したときに何を連想して、どう感じるかなどをまとめたものを証拠として揃えていく必要があるわけです。

④ 不正競争防止法2条1項2号

(著名表示冒用行為)

次に、不正競争防止法2条1項2号(著名表示冒用行為)について説明させていただきます。

不正競争防止法2条1項2号は「自己の商品等表示として他人の著名な商品等表示と同一若しくは類似のものを使用し、又はその商品等表示を使用した商品を譲渡し、引き渡し、譲渡若しくは引渡しのために展示し、輸出し、輸入し、若しくは電気通信回線を通じて提供する行為」が不正競争行為に該当すると規定しています。

やはり、パッと読んだだけだと、何のことやら……とお感じになるかもしれませんが、切り分けて考えてみましょう。不正競争防止法2条1項2号(著名表示冒用行為)は、①**自己の商品等表示として、**②**他人の著名な商品等表示と、**③**同一若しくは類似の商品等表示を、**④**使用したりする行為は不正競争行為に該当して、不正競争防止法に違反する**と規定しているのです。

不正競争防止法2条1項1号との差は、2点あります。

1つ目は、不正競争防止法2条1項1号では「周知」な商品等表示と同一又は類似の名称の使用を禁止しているのに対し、不正競争防止法2条1項2号では「著名」な商品等表示と同一又は類似の名称の使用を禁止している点です。

2つ目は、不正競争防止法2条1項1号では「混同のおそれ」が生じ

ることが必要とされていましたが、不正競争防止法2条1項2号では**「混同のおそれ」があることは必ずしも必要とされていない**という点です。

　不正競争防止法2条1項2号で、混同のおそれが要件とはされていないのは、混同のおそれがなくても「著名」な商品等表示と同一又は類似の名称を無断で使用した場合には、著名な表示の顧客誘引力を不当に利用することになりますし、著名な表示のブランドイメージを悪化させたりすることになるので、混同のおそれがなくても、そもそも駄目だという考えからです。

　それでは、①ないし④を検討していきましょう。

　まず、①ブロンド・ジョヴィが自分たちのバンド名として名称を使用していることに疑いはありません。また、②ボン・ジョヴィさんは世界的に人気のあるバンドですから「ボン・ジョヴィ」の名称が「著名」であることには疑いはありません。③及び④については、不正競争防止法2条1項1号と同様に考えられます。

　そうすると、ブロンド・ジョヴィによる名称の使用は不正競争防止法2条1項1号だけではなく、不正競争防止法2条1項2号にも違反することになります。

　実際に、もし仮に、2つのバンドが似通った名前のままでいたら、ブロンド・ジョヴィの演奏に接した人が、間違ってボン・ジョヴィさんだと思ってしまってCDを買ったり、ボン・ジョヴィさんの知名度にタダ乗りしてプロモーションをしたりすれば、ブロンド・ジョヴィが売れてしまう可能性もありますよね。ボン・ジョヴィさんがここまで有名になるためには、莫大な資本を投下して、メンバーも必死の努力をしてきたはずです。それによってコツコツとファンを増やしてようやく世の中に認めて貰っているわけです。そのボン・ジョヴィさんの知名度を利用して活動することで、ボン・ジョヴィさんの知名度にタダ乗りしたり、逆にブロンド・ジョヴィがダサい演奏をすると、ボン・ジョヴィさんの知名度を汚したりと、市場が混乱してしまう可能性もあります。そのよう

な事態を防がなければ、公正な競争秩序は維持されないので、禁止する必要があるわけです。

以上から、**ボン・ジョヴィさんのブロンド・ジョヴィさんに対する名称使用禁止差止が認められる**という結論になるのです。

図15-3 不正競争防止法2条1項2号

	不正競争防止法2条1項2号（著名表示冒用行為）
1	自己の商品等表示として
2	他人の著名な商品等表示と
3	同一若しくは類似のものを使用し
4	又はその商品等表示を使用した商品を譲渡し、引渡し、譲渡若しくは引渡しのために展示し、輸出し、輸入し、若しくは電気通信回線を通じて提供する行為

↓

	違反したら	
1	差止請求 （不正競争防止法3条）	侵害の予防又は停止
2	損害賠償請求 （不正競争防止法4条）	損害の賠償
3	信用回復措置請求 （不正競争防止法14条）	信用を回復するために必要な措置
4	刑事罰 （不正競争防止法21条2項2号）	他人の著名な商品等表示に係る信用若しくは名声を利用して不正の利益を得る目的で、又は当該信用若しくは名声を害する目的で違反したら……5年以下の懲役若しくは500万円以下の罰金

4 今回のケースで使用した法律

　今回は不正競争行為の中でも、よく起こりがちな名称の不正使用問題に関する不正競争防止法2条1項1号及び不正競争防止法2条1項2号を取り上げました。難しい条文ではありますが、説明と併せて、この機会にマスターしておかれると、同じような事態に陥ったときに役立つことは間違いありません。

●不正競争防止法2条1項1号
この法律において「不正競争」とは、次に掲げるものをいう。
一　他人の商品等表示（人の業務に係る氏名、商号、商標、標章、商品の容器若しくは包装その他の商品又は営業を表示するものをいう。以下同じ。）として需要者の間に広く認識されているものと同一若しくは類似の商品等表示を使用し、又はその商品等表示を使用した商品を譲渡し、引き渡し、譲渡若しくは引渡しのために展示し、輸出し、輸入し、若しくは電気通信回線を通じて提供して、他人の商品又は営業と混同を生じさせる行為
●不正競争防止法2条1項2号
この法律において「不正競争」とは、次に掲げるものをいう。
二　自己の商品等表示として他人の著名な商品等表示と同一若しくは類似のものを使用し、又はその商品等表示を使用した商品を譲渡し、引き渡し、譲渡若しくは引渡しのために展示し、輸出し、輸入し、若しくは電気通信回線を通じて提供する行為

---

5 まとめ　弁護士奥山倫行の「これで、サティスファクション」

　ロックの世界では、とかくトリビュートバンドやコピーバンドが結成されがちです。そういったバンドは、やはり本家の名称にあやかりたいものです。好きであればあるほど、名称だって近づきたいという気持ちは、よくわかります。「トリビュートバンドだからいいんじゃないの？」とお思いの方もいらっしゃるかもしれません。

しかし、ボン・ジョヴィがここまで有名になることができたのは、これまで莫大な費用や時間が投下され、日々の汗と努力と想いの積み重ねを経てきたからなのです。そのような活動をしてようやく世界的な名声と評価を得るにいたった大切な名称が「ボン・ジョヴィ」なのです。それにも関わらずボン・ジョヴィの許諾なく、勝手に「ボン・ジョヴィ」の名称にフリーライド（タダ乗り）することは認められないのです。

　また、ブロンド・ジョヴィの使用を認めてしまえば、ひょっとすれば同じような紛らわしい名称のバンドが乱立してしまい大きな混乱を招いてしまうかもしれません。さらに、ブロンド・ジョヴィの将来の活動によっては、かえってボン・ジョヴィの名声や評価を貶める可能性もないわけではありません。そういった観点から、同じ名称や紛らわしい名称の使用は禁止されているわけです。権利が権利として守られることはとても大切なことです。

　ロックの世界では他にも同じような話があります。たとえば、Iron Maiden（アイアン・メイデン）なんかは Iron Maidens（アイアン・メイデンズ）という女性だけのコピーバンドの存在を公認して一緒にツアーを回ったりもしています。本家のアイアン・メイデンが名称の使用禁止を求めれば、アイアン・メイデンズも名称を変えなければなりませんが、アイアン・メイデンの懐の広さなのか、もしくはプロモーションなのか、名称使用を禁止せずに、互いに相乗効果をだしながら活動するという例もあります。また、エルビス・プレスリーのコスプレのヴォーカルがエルビスの歌い方でレッド・ツェッペリンをレゲエバンドで歌う Dread Zeppelin（ドレッド・ツェッペリン）というバンドも有名ですよね。

　実際に、私自身も大好きな「ザ・ブルーハーツ」をトリビュートしようと思い立ち「ブルーハート」という1人バンドを結成したことがあります。中学生のときのことです。この「ブルーハート」という1人バンドは私自身の音楽性の変化と1人バンドでの活動の限界に直面して、その後あえなく解散となりましたが、これも出るところに出れば不正競争

行為になる可能性がありました。今思えば危うい状況だったと思います。

　好きだから同じような名称を使いたいという気持ちは理解できます。好きであればあるほど近づきたいわけです。しかし、学園祭などで演奏する程度ならまだしも、万が一にでも人気がでてメジャーデビューなんてことになれば、その名前が大問題になってきてしまいます。大切なのはオリジナリティです。好きさ余って、名称を似せすぎてはいけません。お互いの権利を尊重してオリジナリティを出せば、サティスファクションです。

おさらいポイント
①不正競争防止法はどのような法律でしょうか？
②名称のもつ「識別機能」とは何でしょうか？
③名称のもつ「品質保証機能」とは何でしょうか？
④名称のもつ「顧客誘引機能」とは何でしょうか？

COLUMN ロックの玄人 河野吉伸の「この曲を聴け！」

　今回のケースにぴったりくる曲といえば「ユー・ギブ・ラブ・ア・バッド・ネーム」（邦題：禁じられた愛）しかないでしょう。曲のタイトルを直訳すると「君は、愛に、悪評を与える」という訳になるかと思いますが、オフィシャルの訳だと「お前は愛に汚名をきせたんだ」になるのだそうです。となると、今回のケースは、ボン・ジョヴィのコピーバンドの名前に関する問題ですから、当然、コピーバンドのメンバーは、ボン・ジョヴィのことが好きなわけで、だからコピーバンド名も似てしまうのも愛情の表れです。しかし、ボン・ジョヴィ側にしてみれば「お前（＝コピーバンド）は愛に汚名（＝紛らわしい名前）をきせたんだ」となるのかな……。コピーバンドのバンド名を決める時には特に気を付けないと……ですね。

●タイトル：ワイルド・イン・ザ・ストリーツ
●アーティスト：ボン・ジョヴィ
●ジャンル：ハードロック
●リリース：1986年8月18日
●時間：44分1秒
●レーベル：マーキュリー・ミュージックエンタテインメント
●曲目：下記に記載
1. レット・イット・ロック
2. 禁じられた愛
3. リヴィン・オン・ア・プレイヤー
4. ソシアル・ディズィーズ
5. ウォンテッド・デッド・オア・アライヴ
6. レイズ・ユア・ハンズ
7. ウィズアウト・ラヴ
8. アイド・ダイ・フォー・ユー
9. ネヴァー・セイ・グッドバイ
10. ワイルド・イン・ザ・ストリーツ

16 MC5のパンクな抗議だぜえ

著作者人格権（著作権法20条1項）

> **ここがポイント**
>
> 著作権に含まれる様々な権利は、財産的な権利と人格的な権利に分かれると考えられています。これまでは、著作権の財産的な権利しか扱いませんでしたが、この章では著作権の人格的な権利について学びます。

1 当事者のプロフィール

今回の当事者はMC5（ロックバンド）さんです。

MC5さんは、1960年代前半から1970年代前半にかけて、アメリカ合衆国ミシガン州デトロイト市を拠点に活躍したロックバンドです。結成されたのはミシガン州のLincoln Parkです。ブルース、R&Bをベースにした音楽性ながら、過激なパフォーマンスで知られ、パンクロックの元祖ともいわれています。なかなか荒っぽいバンドで、警察の家宅捜索を受けたり、FBIからもマークされたりしていたこともあるようです。

2 ケース

アルバムに収録された曲の中に、「●other ●ucker」という歌詞が多用されていました。「これはマズイ！」と慌てたレコードレーベル側が「Brother & Sister」と置き換えて発売。それを知ったMC5さんは、レーベルのロゴマークに「●uck You」と上書きしたステッカーをデトロイトの街中に貼り、辱めることで仕返ししました。今回のケースでは何が問題になるのでしょうか。

3 ケースの分析と解説

今回のケースで検討すべき法律は、著作権法です。著作権法については「14 グラミー受賞者コールドプレイの嘆き『知らないっつーの、聞

いてないっつーの』」で著作権侵害について説明させていただきましたが、今回は著作者人格権についての話です。若干、復習になりますが、確認していきましょう。

　著作権法は、「思想又は感情を創作的に表現したものであって、文芸、学術、美術又は音楽の範囲に属するもの」（著作権法2条1項1号）を著作物として規定しています。今回のケースでは曲の歌詞が勝手に書き換えられたことが問題になっていますが、曲の歌詞は思想又は感情を創作的に表現したものですので、著作物に該当します。

　そして、著作権は、いろいろな権利の集合体であると説明されることがあります。「いろいろな権利」としては、財産的な権利や人格的な権利など様々な権利があって、そのような権利の束が著作権という権利の中身なのです。

　この著作権の中の人格的な権利として、**著作者人格権**というものがあります。著作者人格権には、①**公表権**、②**氏名表示権**、③**同一性保持権**という3つの権利があります。図16（著作者人格権とは？）をご覧ください。①公表権というのは未発表の著作物を公表する権利です。②氏名表示権は著作物の公表に際して「自分が著作者だ！」と主張する権利です。③同一性保持権は、著作物を勝手に改変されない権利です。それぞれ著作権法に規定があって保護されている権利なのです。

　この著作者人格権を理解するための一番大きなポイントは、一身専属的であるということです。たとえば、著作権は譲渡できますが、**著作者人格権は譲渡できません**（著作権法59条）。それによって、著作物を公表する権利や、氏名を表示する権利などが保障されているのです。今回のケースに関係してくるのは、何でしょうか。わかりますね。そうです。同一性保持権です。ですので、**MC5さんはこの同一性保持権に基づきレーベル側に権利行使**が可能なのです。

　「あれ？　MC5はレーベルに権利を譲渡してるんじゃないの？それなのに著作者人格権を行使できるの？」と疑問に思った方もいらっしゃるかもしれません。先ほど説明したとおり、著作権のうち財産的な権利は

図16 著作者人格権とは？

著作物には著作者の思想や感情が色濃く反映されているため
第三者による利用態様によっては著作者の人格利益を害する可能性がある

著作権人格権		
1	公表権（著作権法18条）	未公表の著作物（同意を得ずに公表されたものも含む）を公衆に提供又は提示する権利
2	氏名表示権（著作権法19条）	著作物の公表に際し、著作者の実名若しくは変名を著作者名として表示、又は著作者名を表示しないこととする権利
3	同一性保持権（著作権法20条1項前段）	著作物及びその題号につき著作者（著作権者ではないことに注意）の意に反して変更、切除その他の改変を禁止することができる権利
+	名誉声望保持権（著作権法113条5項）	名誉切望保持権は著作者人格権としては位置づけられてはいないが権利侵害とみなされることにより著作者人格権に準ずる効果を持っていると考えられている

譲渡が可能ですが、著作者人格権は一身専属的（その人だけが行使できる権利）なので譲渡はできないのです。ですから、もしMC5さんが楽曲の著作権をレーベルに譲渡していたとしても、**著作者人格権はMC5さんに残っていますから、レーベル側は勝手に内容を変えてはいけません**。放送禁止用語が連発された歌詞で、売り出すためには変えなくてはならなかったとしても、話し合いの上で承諾を得るか、発売を中止するという判断が正しかったのではないでしょうか。

ちなみに、MC5さんの報復行為は、商標権侵害や、刑事上の業務妨害罪（刑法233条）となる可能性もありますし、あまり褒められた行為ではないことは確かですね。

4 今回のケースで使用した法律

　今回は著作権の中の人格的権利である著作者人格権について説明させていただきました。著作権というとどうしても財産的な権利がイメージされますが、人格的な権利があるということを忘れないでください。そして著作者人格権についてもこの機会にしっかりとマスターしていただきたいと思います。

> ●公表権（著作権法18条）
> 著作者は、その著作物でまだ公表されていないもの（その同意を得ないで公表された著作物を含む。以下この条において同じ。）を公衆に提供し、又は提示する権利を有する。当該著作物を原著作物とする二次的著作物についても、同様とする。
> ●氏名表示権（著作権法19条1項）
> 著作者は、その著作物の原作品に、又はその著作物の公衆への提供若しくは提示に際し、その実名若しくは変名を著作者名として表示し、又は著作者名を表示しないこととする権利を有する。その著作物を原著作物とする二次的著作物の公衆への提供又は提示に際しての原著作物の著作者名の表示についても、同様とする。
> ●著作者人格権（著作権法20条1項）
> 著作者は、その著作物及びその題号の同一性を保持する権利を有し、その意に反してこれらの変更、切除その他の改変を受けないものとする。

5 まとめ　弁護士奥山倫行の「これで、サティスファクション」

　ロックの世界では、とかく放送禁止用語が連発されがちです。放送禁止用語がもつパワーはもちろん理解ができます。「おいおい、ちょっと待てよ！　ロックなのだから放送禁止なんて関係ないだろ！」「そんな堅苦しい話はロックじゃないぜ！」という意見もありそうですが、はっきり申し上げますと、このような感覚を持たれた方は社会人としての認

識が甘いと言わざるを得ません。

　ロッカーもロッカーである前に１人の社会人です。あなたの生活は社会とのつながりがあって成り立っています。１人だけで生活しているわけではありません。現代社会において、完全な自給自足で誰の世話にもなっていないと言い切れる人は殆どいないと思います。たしかに、憲法13条は「すべて国民は、個人として尊重される。生命、自由及び幸福追求に対する国民の権利については、公共の福祉に反しない限り、立法その他の国政の上で、最大の尊重を必要とする」と規定しています。誰しも、個人として幸福に生きる権利が保障されているわけですが、ここでも着目しなければならないのは、「公共の福祉に反しない限り」という文言です。

　この「公共の福祉に反しない限り」とはどういう意味かおわかりでしょうか。誤解を恐れずに簡単に置き換えれば、**「他人に迷惑をかけない限り」**ということです。あくまで他人に迷惑をかけない限りで、個人の幸せは最大限に尊重されるわけです。個人の幸せは、他人とのつながり、社会とのつながりを無視しては成り立たないのです。

　表現の自由について、憲法21条１項は「集会、結社及び言論、出版その他一切の表現の自由は、これを保障する」と規定しています。ここでは「公共の福祉に反しない限り」という文言は記載されていません。ですが、表現の自由についても無制限に認められるわけではなく、あくまで**「公共の福祉に反しない限り」という限定つきで認められると解釈されています**。文言として明確に「公共の福祉に反しない限り」と記載されてはいませんが、当然の前提として、社会とのつながりのなかで一定限度の制約を受けると考えられているわけです。

　そうしたときに、ロッカーを含む表現者は、社会人である以上、ある程度のルールを守ることが求められています。放送を通じて表現がされる以上は、放送に関するルールがあります。公共の福祉に反しないように有限の電波を活用するためにルールが定められています。何でもかんでも自由に表現してはならないということで決められている放送禁止用

語というのも、その1つです。放送禁止用語は法律や規則で定められているわけではありません。現代社会に大きな影響力を有するマス・メディアが自身の責任として自主規制で行っているものです。ですが、ルールはルールなのです。そういったある程度のルールを守りながら生活していくことで、みんなの生活が成り立っていっているという側面は否定できません。表現の自由は物凄く重要な権利ではありますが、それでも、一定の制約の中で表現行為を行うというのが私たち現代人の務めであるようにも感じます。

今回のケースは、非常にデリケートで難しい問題ではありますが、表現の自由や著作者人格権を考えると、無断で勝手に削除したりすることには、大きな問題があると言わざるを得ません。行き過ぎた行為だったことは明らかです。MC5に事前に相談して承諾を求めたりすることが必要だったのです。まさに「大切なのは事前の根回し」です。そのあたりの分水嶺を検討するには、とても良いケースだったと思います。

世の中のトラブルや紛争の多くは、お互いの立場への配慮が足りないところから生じているように感じています。相手の立場に配慮しながら、話し合いで妥当な線を探っていく。そのような姿勢がロッカーにも世の中にも求められているのではないでしょうか。お互いの立場への配慮を忘れずに、そして礼儀・礼節を欠かないことを胸に刻みながら生活していければ、ロッカーも世の中もサティスファクションです。

☞ おさらいポイント

① 「著作者人格権」とは何でしょうか？
② 「公表権」とはどのような権利でしょうか？
③ 「氏名表示権」とはどのような権利でしょうか？
④ 「同一性保持権」とはどのような権利でしょうか？

COLUMN ロックの玄人 河野吉伸の「この曲を聴け！」

　今回のケースにぴったりくるアルバムといえば、MC5の1969年に発売となったデビューアルバムにして名ライヴ・アルバムとなる「キック・アウト・ザ・ジャムズ」ですね。今回のケースの題材となったアルバムでもあります。実際にレコード会社が差し替えたとされる問題の個所もしっかりと確認が出来ますので、是非聴いてみてください。とにかく、破壊的なまでに過激で、スリリングなまでの疾走感。パンクロックの祖と言われる彼らのサウンドを思う存分堪能できる1枚となっております。

- ●タイトル：キック・アウト・ザ・ジャムズ
- ●アーティスト：MC5
- ●ジャンル：ロック
- ●リリース：1969年
- ●時間：40分
- ●レーベル：ワーナーミュージック・ジャパン
- ●曲目：下記に記載
1．ランブリン・ローズ
2．キック・アウト・ザ・ジャムズ
3．カム・トゥゲザー
4．ロケット・リデューサーNo.62
5．ボーダーライン
6．モーター・シティ
7．アイ・ウォント・ユー
8．スターシップ

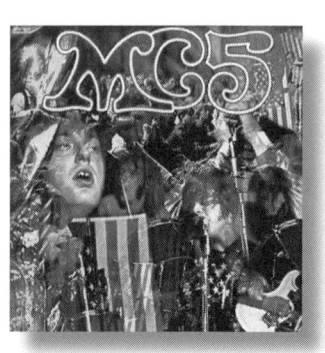

17 ビーチ・ボーイズが負けた。逆転勝利の三審制?!

裁判制度（三審制）

> **ここがポイント**
>
> 誤解されがちなのですが、一度下された判決は絶対的なものではありません。裁判は人間が行うものですので、見落としやミスが生じます。この章では、裁判のやり直しをどのように行うのか、我が国の裁判制度の仕組みについて解説させて頂きます。

1 当事者のプロフィール

今回の当事者はザ・ビーチ・ボーイズ（The Beach Boys：ロックバンド）さんです。

ザ・ビーチ・ボーイズさんは、1961年にアメリカで結成されたロックバンドです。サーフィン、海、夏、といったアメリカ西海岸の雰囲気たっぷりの数々の名曲で一世を風靡しました。サーフロックの代名詞的バンドとしても有名ですが、1966年にリリースしたアルバム「ペット・サウンズ」はコンセプトアルバムとして現在でも評価が高く、世界中の有名ミュージシャンに影響を及ぼしました。日本でも山下達郎さんや大瀧詠一さんなど、ザ・ビーチ・ボーイズさんを敬愛するアーティストは沢山いらっしゃいますね。

2 ケース

今回のケースは2007年に起きた出来事です。ザ・ビーチ・ボーイズさんの倉庫からバンドの財産である楽器や機材、録音テープ、写真などを盗んで、ネットオークションに出品してひと儲けしようとした輩がいました。当然、これに対してザ・ビーチ・ボーイズさん側は、損害賠償請求訴訟を起こしました。請求額は何と約71億円とのことです。ところが、この訴えが棄却されてしまったのです。ザ・ビーチ・ボーイズさんはどうしたら良いのでしょうか。

3 ケースの分析と解説

　今回のケースでは、ザ・ビーチ・ボーイズさんの機材が盗まれています。裁判では、当然「ザ・ビーチ・ボーイズ勝利」と思われましたが、結果はまさかの「負け」でした。**この状況を打破するにはどうしたらよいのかということが問題**になっています。

　そもそも、裁判という制度は、裁判官が証拠に基づいて事実を認定して、その事実にどのような法律が適用されるかを検討して結果が出るという手続きです。当然のことながら、このようなこともよく起こります。「絶対に勝てる！」と思って裁判を進めていたにも関わらず、「えー!?　何で!?」「ゲッ！　まじで!?」という判断がされることもあるわけです。どうしてこのようなことが起きるのでしょうか。証拠が足りなかった、相手から予期していない主張がでてきた、相手からとんでもない証拠が提出されたなど、考えられる原因は様々です。

　そのような場面では、今一度、敗訴した判決書を読んで、「どうして負けたのか……」を真剣に考え直すことが必要です。まだまだやることがあるわけです。落胆している暇はありません。

　このような話をさせていただくと「え？　裁判で負けた以上は、そんなことしても意味がないじゃないですか……」とお感じになる方もいらっしゃるかもしれませんが、それは間違いです。

　実は、日本の裁判制度は、1回負けても、その後にまた戦うチャンスが設けられているのです。いわば裁判の第2ラウンドです。最初の裁判で負けた場合に、より上級の裁判所に訴えを起こすことができるのです。訴える内容をわかりやすく説明させていただきますと「第一審の判決に対して不服があります！　なぜなら……」といったイメージです。

　その後、裁判の第2ラウンドでも負けてしまった……。いやいや、ちょっと待ってください。それでもまだ諦めるのは早いのです。第2ラウンドで負けても、実は更に上級の裁判所に訴えを起こすことができるのです。つまり、希望する場合には、**1つのケースで、全部で3回の裁**

判を受けることができる仕組みになっているわけです。この仕組みを
三審制(さんしんせい)といいます。

　裁判所の務めは、当事者双方の言い分を聞いて、公正かつ慎重に判断を行い、紛争を解決することです。この「慎重に」との関係で三審制の３段階の階層構造が設けられているのです。

　もう少し詳しく説明させていただきます。この３段階の階層を、それぞれ、第一審、第二審、第三審と言ったりします。第一審の判決の内容に不満があって、さらに第二審の裁判を求めることを「控訴(こうそ)」といいます。第二審の判決の内容に不満があって、さらに第三審の裁判を求めることを「上告(じょうこく)」といいます。控訴と上告を併せて「上訴(じょうそ)」といいます。

　実は裁判所と言っても一種類ではありません。簡易裁判所もあれば、地方裁判所もあるし、高等裁判所もあるし、最高裁判所もあります。家庭裁判所もあるのです。各裁判所は階層構造になっているわけです。

　このうち最高裁判所は全国に１か所しかありません。その下に、高等裁判所や地方裁判所の下級裁判所があります。高等裁判所は全国に８か所あります。札幌高等裁判所、仙台高等裁判所、東京高等裁判所、名古屋高等裁判所、大阪高等裁判所、広島高等裁判所、高松高等裁判所、福岡高等裁判所です。そして、それぞれの高等裁判所の下に地方裁判所があります。たとえば、私の住む北海道には４つの地方裁判所があります。札幌地方裁判所、函館地方裁判所、旭川地方裁判所、釧路地方裁判所です。さらに、その地方裁判所の下に支部の裁判所があったりするわけです。各地でそのような配置になっているのです。

　そして、審級毎に違う裁判官が事件を担当します。同じ裁判官が判断するのであれば、階層構造にする意味がありません。たとえば、第一審の東京高等裁判所で敗訴判決を書いた裁判官と、控訴を受けて第二審で判断する裁判官は違う人です。それぞれ違う人が、新しい視点で、当事者の主張を判断してくれるのです。それによって「慎重さ」が保障されるわけです。誤解されている方も多いのですが「裁判は１回勝負ではない」ということをご理解いただきたいと思います。

それでは、今回のケースに戻ります。今回のケースでは、ザ・ビーチ・ボーイズさんは第一審で請求が棄却（＝負け）されている以上は、控訴審が勝負ということになります。控訴して第二審に進むことができれば、まだまだ勝てる可能性があるからです。

　しかし、ここで注意しなければならないことがあります。ザ・ビーチ・ボーイズさんは、**第一審と同じような主張をしても仕方がない**ということです。第一審で同じような主張をした場合には、やはり第二審で負けてしまう可能性も高いのではないかと思います。よほど無茶苦茶な判断であれば別ですが、裁判官も職業訓練を受けて日々の研鑽をつみながら、事件の記録を精査して、最終的には自分の思想と良心に基づき公平かつ慎重に判断しています。ですので、適当な無茶苦茶判決が出される可能性は高くありません。控訴審で戦う場合には戦い方を考える必要があるのです。

　どうして第一審で負けたのかを、冷静な頭で十分に検証して、法律的な反論を行うとか、新しい証拠を探すとか、裁判官が見落としている事実を強調するとか、主張と証拠の組み合わせの仕方を考えるとか、第二審で逆転勝訴になるためのストーリーをたてて懸命に検討しなければなりません。改めてすべきことや、できることを洗い出し、第一審と同じ内容を主張するに留まらないようにしなければならないのです。時間をかけて、一つひとつを検討してゆっくり丁寧に行うことが大切です。

　その後「控訴審で負けたらどうするのか？」についてですが、どうすれば良いでしょうか。そうですね。控訴審で負けたら上告して最高裁判所で判断して貰うしかありません。ただ「**上告**」については、**法律で上告できるケースが限定されています**ので注意が必要です。詳しくは説明しませんが、憲法違反があるような重大な一定の場合に限定されてしまっています。事実認定がおかしいとか、証拠を見落としているとか、そういう理由では上告を受けて貰うことができません。事実関係を争う場合には、3回チャンスがあると言っても、実際の勝負は第一審と第二審ということになります。

図17-1　三審制（刑事事件）

【刑事裁判】

最高裁判所

↑上告　↑上告　↑上告

高等裁判所

↑控訴　↑控訴　↑控訴

家庭裁判所　地方裁判所

↑

簡易裁判所

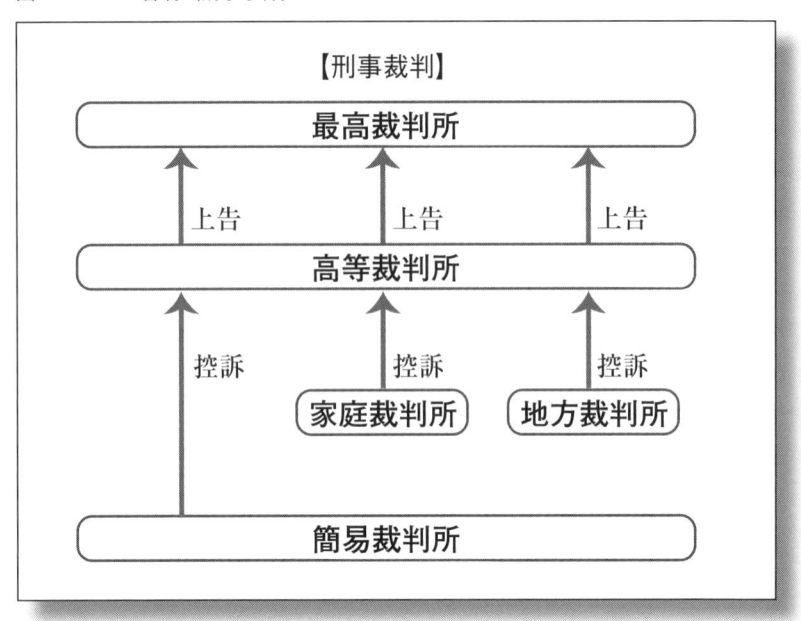

図17-2　三審制（民事事件）

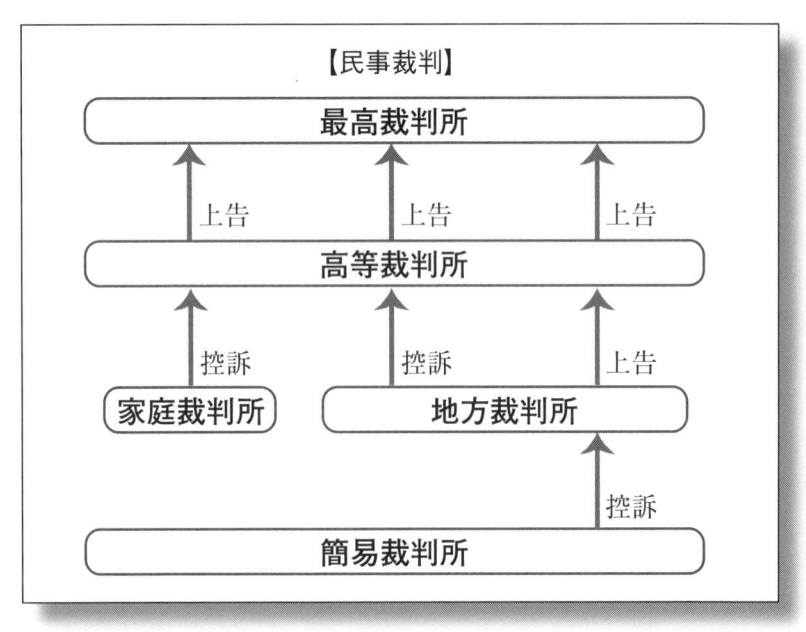

【民事裁判】

最高裁判所

↑上告　↑上告　↑上告

高等裁判所

↑控訴　↑控訴　↑上告

家庭裁判所　地方裁判所

↑控訴

簡易裁判所

そのようなわけですので、今回のケースでも、ザ・ビーチ・ボーイズさんには第二審で頑張って欲しいですね。諦めたらそれで終わりなので、しっかりとした戦略をたてて入念な準備をして活路を見出して欲しいものです。

4 今回のケースで使用した法律

今回は裁判の仕組みについて説明させていただきました。同じケースでも3回のチャンスがあるということはあまり知られていないかもしれません。裁判は1度きりではないということを、しっかりと理解していただきたいと思います。

> ●民事訴訟法281条第1項（控訴をする事が出来る判決等）
> 控訴は、地方裁判所が第一審としてした終局判決又は簡易裁判所の終局判決に対してすることができる。ただし、終局判決後、当事者双方が共に上告をする権利を留保して控訴をしない旨の合意をしたときは、この限りでない。
> ●民事訴訟法第311条第1項
> 上告は、高等裁判所が第二審又は第一審としてした終局判決に対しては最高裁判所に、地方裁判所が第二審としてした終局判決に対しては高等裁判所にすることができる。

5 まとめ 弁護士奥山倫行の「これで、サティスファクション」

裁判というのは、1回負けてもそれで終わりではありません。日本では、民事事件でも刑事事件でも、不服を申し立てれば第三審まで進むことができるようになっています。

裁判官といえども人間です。事実関係や証拠を見落とすこともあれば、法律の解釈を誤ることもあるかもしれません。「裁判官は優秀な人なのだから、絶対に間違わないでしょ！」と思う方もいらっしゃるかも

しれませんが、そんなことはありません。裁判官だって、決してコンピューターではないのです。血の通った人間です。決して特別な人間ではないのです。人間である以上は必ず間違いは起こります。ミスすることだってあると思います。裁判官によっては、それぞれ価値観も違っていて、その価値観の違いが判決に影響を及ぼすことだってあるのです。

　だから、第一審で敗訴しても諦めないことが大切なのです。たしかに、第一審と同じような結果の判決になる可能性の方が高いのは事実です。正確な統計ではありませんが、7割近くは第一審と同じような結果の判決になるのではないかという話もあります。ですが、逆に考えると、3割近くも逆転できる可能性があるのです。その考えが大切なのだと思います。証拠の出し方や主張の組み立てをさらに工夫し、裁判官の理解を促すように諦めずに闘うことが大切だと感じています。

　ロックの世界では、とかく問題をストレートに表現（解決）しようとします。しかし、「急いては事を仕損じる」という言葉の通り、うまくいかない場合も多いもの。「FUN FUN FUN」といったロックンロールを聴いたら、次は「サーファーガール」といったバラードを聴いて、バランスよくゆっくり考えてみれば、新しい局面が見えてくるはずです。視点を変えることが大切なのです。

　そして、何事も諦めることなく、真摯に反省と検証を繰り返して、取り組むことが大切なのだと思います。そうすれば、アーティストもファンも裁判もサティスファクションです。

☞ おさらいポイント
① 「三審制」とは何でしょうか？
② 「控訴」とは何でしょうか？
③ 「上告」とは何でしょうか？
④ 「上訴」とは何でしょうか？

COLUMN ロックの玄人 河野吉伸の「この曲を聴け！」

　今回ご紹介したいアルバムは、デビュー50周年記念プロジェクトとして発売された「ゴッド・メイド・ザ・ラジオ〜神の創りしラジオ〜」です。ブライアン・ウィルソンがプロデュースした、すべて新曲によるビーチ・ボーイズのオリジナル作品としては、なんと35年ぶりとなります。ブライアン・ウィルソンがバンドを離れ、カール・ウィルソンの死後に、ブライアンとマイク＆ブルースとアルの三分裂状態になってしまってからというもの、再集結するなんて夢のまた夢で諦めていました。それが、今回のデビュー50周年記念プロジェクトで、再集結して、アルバム発売、そしてリユニオンのワールドツアーまで。今回のケースに、ある意味通じるものを感じました（笑）。

- ●タイトル：ゴッド・メイド・ザ・ラジオ〜神の創りしラジオ〜
- ●アーティスト：ザ・ビーチ・ボーイズ
- ●ジャンル：ロック
- ●リリース：2012年6月4日
- ●時間：42分
- ●レーベル：EMIミュージック・ジャパン
- ●曲目：下記に記載

1. あの頃に……
2. ゴッド・メイド・ザ・ラジオ〜神の創りしラジオ〜
3. 今がその時
4. スプリング・ヴァケーション
5. ビルとスーの私生活
6. シェルター
7. 海に輝く夜明け
8. 心のビーチ
9. ストレンジ・ワールド
10. バック・アゲイン
11. パシフィック・コースト・ハイウェイ
12. 過ぎゆく夏
13. 恋のリヴァイヴァル（2012バージョン）（日本盤のみ）

あとがき その①

　本書のもとになったラジオ番組「弁護士奥山倫行のロック裁判所」が産声を上げたのは2009年4月のことでした。折しも我が国に裁判員制度が導入された2009年5月21日、その直前の時期に第1回のロック裁判所がオンエアされました。
　裁判員制度は、国民が裁判員として刑事裁判に参加し、被告人が有罪かどうか、有罪の場合には被告人にどのような刑を科すかといったことを裁判官と一緒に決める制度です。裁判員制度の導入から5年以上がたち、その間、司法を巡る国民の声は高まりを見せ、最近では裁判員制度を導入したことの可否についても様々な意見がだされています。
　裁判員制度による司法への国民参加に先立ち、国民はもっと法律を身近に感じ、法律の大切な原則を理解し、法的思考力を身につける必要があります。そして、少しでもその役に立つことができればという想いのもと、ロック裁判所はスタートしました。
　その後も、ロック裁判所は全国のコミュニティFMで放送され続け、現在は全国48局で放送されています（2014年5月現在）。その間、ロックの世界でも沢山の惨事・珍事が起き、その数々をロック裁判所でも積極的に取り上げ、解説してきました。
　ロックの世界で起きる惨事・珍事は、いわば誰の日常でも起こり得るトラブルの縮図です。それらに関わる法律を誰もがわかりやすく理解できるように解説し、いわば「転ばぬ先の杖」として法的知識を身につけて貰うことで、世の中から無用のトラブルや紛争を少しでも防ぐことができるのではないかと願いながら、これまでコツコツと回数を重ねてきました。
　その一部分を体系的に並び変えて整理し、大幅に法律に関する解説の内容を補充し、ロッカーが、アーティストが、法学部を目指す高校生

が、法学部生が、ロースクール生が、仕事で法律に関わる会社員や専門職の人が、そしてそれ以外のロックや法律に興味や関心のある全ての人が、ロックの偉人にまつわる惨事・珍事を追体験しながら、ニュースや日常生活の中で飛び交う法律用語や、身近な問題を解決するための法律知識や法的思考力を身につけるためのテキストとしてこの本は企画されました。

　この本を通して読んでいただくことで、ロックの偉人が引き起こすロックの世界の歴史的惨事・珍事を題材にして、ロックのことをより深く理解しながら、法的思考力や法律や裁判に関する知識や考え方といった「生きるための知恵」を身につけていただくことができると確信しています。

　最後にあらためて、皆さまの生活がロックと笑顔に溢れ、サティスファクションなものになることを願っています。

2014年9月吉日

弁護士　奥山　倫行

あとがき その②

　2009年4月1日にスタートした「弁護士奥山倫行のロック裁判所」は、2014年5月現在で、全国48局のコミュニティFMでネットされており、番組も既に260回をこえている（2014年5月現在）。
　ロックアーティストと裁判（訴訟）は、実際切っても切れない関係にある。様々なロック史で起こった事件などをモチーフにすることで、普段は聞き慣れない難しい法律や裁判などのことを、楽しく勉強するにはうってつけの番組であると自負している。
　さらに、本書の8章に登場している、友人宅のプールにロールス・ロイスで突っ込んだザ・フーのドラマーであるキース・ムーン。本来なら10対0でキース・ムーンが不利なところを「キース・ムーンに全額負担させません」と豪語する敏腕弁護士奥山倫行氏。大のロック狂でもあり、その彼が「ロック愛」とでも言うべきロックな視点でアーティストたちを弁護するのは、この番組の醍醐味と言っていいだろう。また、ロックの付き人凌木智里が、全ての路はつながっているかのごとく、脱線気味のロックばか2人を導いてくれるところも必聴だ。
　本書をお読みいただいている皆さまには、是非とも皆さまがお住まいになっている地域のコミュニティFMで本番組をチェックしていただきたい。活字では表現できないパーソナリティ3人のロックな雰囲気を味わっていただけるかと思う。
　最後に、この番組を始めるにあたって私をパーソナリティに誘ってくれた、本番組のプロデューサーであり、友である株式会社ジェイクランプの佐々木健二氏に多大なる感謝を贈りたい。
　2014年9月吉日
　「弁護士奥山倫行のロック裁判所」ロックの玄人・パーソナリティ

河野　吉伸

あとがき　その③

　「法」というのは物事の善悪の基準であり、それを使って悪を裁くのが裁判だ……。ラジオ番組「弁護士奥山倫行のロック裁判所」のパーソナリティ（ロックの付き人）として仲間入りするまでは、そんなイメージを持っていました。「法」というお方は（笑）、いつも法服（裁判官の制服、黒い長いアレです）を身にまとって、怖い顔をして、少しの間違いも許さない！　そんな性格だと思っていたんです。でも、番組の回数を重ねるうちに、「法」も時にはカジュアルな服を着て、親しみやすい顔を見せたり、誰かのために涙を流したりもするんだなってことがわかってきました。

　「法」は、皆が平等に平和に仲良く暮らすための約束。振りかざして人をねじ伏せる剣のようなものではないのですね。人という心の弱い存在を、そっと支えてくれているのが、「法」なんだという気がします。

　「弁護士奥山倫行のロック裁判所」を聞いていただければ、聞き慣れない新しい用語との出会いがあったり、曖昧だった知識の輪郭がはっきりしたりします。しかし、私にとって一番の収穫は、法に対するイメージの変化でした。

　きっと、これを読んでくださったあなたにも、何かをプレゼントできたと信じています。読んでくださったことに感謝します。

　それから、ロック裁判所ファミリーの奥山弁護士、河野さん、田中さん、そしてプロデューサーの佐々木健二さん、このプロジェクトに関わっていただいているすべての皆さまに、ありがとう。

2014年9月吉日
「弁護士奥山倫行のロック裁判所」ロックの付き人・喋り屋

凌木　智里

奥山倫行（おくやま・のりゆき）

アンビシャス総合法律事務所　パートナー弁護士

札幌出身。慶應義塾大学院在学中に司法試験に合格し、2002 年から国内の大手渉外事務所である TMI 総合法律事務所に勤務。同事務所で企業法務、M&A、事業再生、会社法関連訴訟、国際取引、知的財産関連業務に従事した後、2007 年に故郷である札幌にて安藤誠悟弁護士とともにアンビシャス総合法律事務所を設立し、企業法務を中心としたリーガルサポートを行っている。著書に『弁護士に学ぶ！交渉のゴールデンルール』『弁護士に学ぶ！債権回収のゴールデンルール』『弁護士に学ぶ！クレーム対応のゴールデンルール』（いずれも民事法研究会）ほか。

監修　河野吉伸・凌木智里

はじめの1冊！　ロックで学ぶリーガルマインド

2014 年 11 月 11 日　　初版第 1 刷発行

著者 ──── 奥山倫行
監修 ──── 河野吉伸・凌木智里
発行者 ──── 平田　勝
発行 ──── 花伝社
発売 ──── 共栄書房
〒 101-0065　東京都千代田区西神田 2-5-11 出版輸送ビル 2F
電話　　03-3263-3813
FAX　　03-3239-8272
E-mail　　kadensha@muf.biglobe.ne.jp
URL　　http://kadensha.net
振替　　00140-6-59661
装幀 ──── 黒瀬章夫（ナカグログラフ）
イラスト ──── 平田真咲
印刷・製本 ──── 中央精版印刷株式会社

©2014　奥山倫行
本書の内容の一部あるいは全部を無断で複写複製（コピー）することは法律で認められた場合を除き、著作者および出版社の権利の侵害となりますので、その場合にはあらかじめ小社あて許諾を求めてください
ISBN 978-4-7634-0718-4　C0032